PXR 성과관리 실전노트

PXR Performance Management Field Book

PXR
성과관리 실전노트

류랑도 · 김현주 지음

Preview,
causal eXecution,
Review
Performance Management Field Book

트로이목마

잘못된 성과관리방식이
기업과 조직을 망친다

성과주의는 고객중심주의,

즉 일을 하기 전에 성과 기준에 대해 합의하고

실행과정에 대해 자율성을 부여하고

성과에 대해 피드백하는 자율책임경영방식을 말한다.

성과주의를 '결과주의', '실적주의', '서열적 경쟁주의'로 잘못 해석하여

왜곡해 사용하는 조직이나 사람들이 많다.

사람들은 '성과'라고 쓰고 '결과'나 '실적'이라고 읽는데,

사실 '성과'를 평가하려면 일을 하기 전에 반드시 상위리더와 실무자,

일을 시킨 사람과 일을 실행하는 사람 사이에 합의된 성과목표가 전제되어야 한다.

성과란 고객이나 수요자가 기대하는 결과물인 목표를 달성한 상태를 말한다.

목표가 없으면 성과도 없다. 그래서 성과에 대한 책임을 묻기 위해서는

성과목표에 대한 사전합의와 권한위임이라는 2가지 요건이 충족되어야 한다.

'결과'는 목표가 있든 없든 상관없이 일이 마무리된 상태를 말하며,

'실적'이란 열심히 노력한 행위의 결과물을 말한다.

실적은 대개 해당 기간의 결과 수치와 한 일을 말한다.

실적이 좋다고 해서 반드시 성과가 창출되는 것은 아니다.

성과는 필연이 만든 인과적 결과물이고 결과는 우연이 만든 결과물이며,

성과는 반복적 재생산이 가능하지만

결과는 반복적 재생산이 불가능하다는 면에서 서로 다르다.

지금껏 성과주의나 성과관리라고 하면

성과급이나 인센티브를 위한 서열화 수단으로 이해하는 경우가 많았다.

그것은 무늬만 성과주의지 실질적으로는 결과지상주의다.

기대하는 결과에 이르는 인과적 과정과

실행하는 사람의 주체적 동기부여를 중시하기보다는

최종 결과가 가치 판단의 유일한 기준이기 때문에

배타적 경쟁시스템이 작동되는 것이다.

'너'보다는 '내가' 먼저 살겠다는 식이다.

상대방이 잘못되어야 자신이 살아남는

제로섬 메커니즘이 작용하는 배타적 경쟁시스템에서는,

단기 실적에만 집착하고 금전적 보상에 치중하는 부작용이 심각하다.

성과주의는 사람을 무시하고 결과만 중요하게 다루지 않는다.

성과주의와 결과주의를 제대로 구분하여 제도를 설계하고 운영하지 못하면
조직과 사람은 병들고 조직문화는 엉망이 된다.

'진정한 성과주의 문화'란
일하기 전에 일의 결과물에 대한 수요자의 기대사항을 목표로 정하고,
성과창출전략이나 실행방법은

실행하는 당사자가 자기완결적으로 수립하고 실행한 후에
창출한 성과만큼 평가받고, 처우받을 수 있도록 하는
조직 내에서 공유된 가치와 규범을 의미한다고 볼 수 있다.
성과주의 문화는 고객과 수요자 중심으로 일하는 문화,
역할과 책임 중심으로 일하는 문화, 목표와 전략 중심으로 일하는 문화,
권한위임과 자율책임경영방식으로 일하는 문화를
아우르는 개념이라 볼 수 있다.
누군가에 의해 모든 것이 결정되고
자신은 시키는 대로 정해진 대로 실행만 하면 되던 예전에는,
일의 결과물이 형편없더라도 그것에 대해 질책은 받을지언정
실질적인 책임의식은 부족해도 상관이 없었다.
반성도, 죄책감도 실무자의 몫은 아니었다.
'나는 상사가 시키는 대로 했을 뿐이야.'라고 생각해버리면 그만이기 때문이다.
하지만 실행주체자가 일의 결과에 대해 책임을 질 수밖에 없는 구조로
업무환경이 변함에 따라 성과의 의미도 달라졌다.
성과를 창출했다고 말할 수 있는 조건은,
실행하는 당사자가 스스로 전략과 방법을 고민해서
사전에 정해 놓은 목표를 가시적인 결과물로 만들어냈을 때다.
실행하는 과정과 방법에 대해서는 상위조직이나 리더가 통제하지 않으며,
실행 당사자 또한 리더나 다른 사람에게
방법이나 전략에 대해 의존하지 않는다.

올바르게 작동하는 성과관리방식은 자율책임경영방식이다.

제대로 된 성과관리방식은 자기완결적으로 일하는 방식이다.

자율책임경영방식이나 자기완결적으로 일하는 방식은

자기 멋대로 일하는 방식, 자기가 알아서 일하는 방식이 아니라,

일하기 전에 수요자가 기대하는 일의 결과물에 대해 사전에 합의하고

성과창출방법을 수요자로부터 코칭과정을 통해 검증받고

실행행위를 자기주도적으로 이어가는 방식이다.

상위리더의 코칭역량과 실무자의 전략실행역량이 전제되지 않으면

성과관리방식은 작동되기 어렵다.

대한민국의 모든 기업과 리더들이

부디 제대로 된 올바른 성과관리방식을 정착시키기를 진심으로 기대해 본다.

성수동 협성재에서
류랑도

차례

CHAPTER
1
성과관리방식이란
무엇인가?

What is
PXR
Performance Management?

일의 본질

일의 본질은

일한 결과물의 수요자가 기대하는 성과를 창출하는 것이다.

수요자가 기대하는 성과를 창출하기 위해서는

무엇보다도 일을 하기 전에 프리뷰(Preview)를 제대로 해야 한다.

프리뷰의 핵심은 기획(Planning)하고 계획(Plan)하는 일이다.

기획의 세부내용은

핵심과제를 선정하고 성과목표를 설정하며 성과창출전략을 수립하는 일이다.

특히 성과창출전략을 통하여 리스크 헷징(Risk Hedging) 방안을 수립하고

한정된 자원(Resources)을 성과창출에 결정적인 역할과 책임에

배분하는 일이 중요하다.

프리뷰한 내용을 실행으로 제대로 옮기기 위해서는

인과적 실행(causal eXecution)을 하는 것이 필요하다.

인과적 실행을 하기 위해서는

캐스케이딩(Cascading)하고 협업(Collaboration)하는 것이 중요하다.

일을 하고 나서는 프리뷰한 내용들을 제대로 성과로 창출했는지

리뷰(Review)를 객관적으로 해야 한다.

리뷰의 핵심은 성과평가와 피드백인데

과정리뷰와 최종리뷰가 제대로 실행되어야 한다.

일의 본질인 수요자가 기대하는 성과가 창출되기 위해서는

PXR 성과관리 프로세스가 제대로 작동되어야 한다.

성과창출은 개인기가 아니라 프로세스로 하는 것이다

✓ 일을 잘한다는 것은 지속적으로 성과를 창출한다는 것이다.

✓ 성과를 창출하는 핵심은 개인기가 아니라 프로세스다.

✓ 개인기란 개인의 경험이나 지식의 합이다.

✓ 프로세스란 PXR 성과관리 프로세스를 말한다.

성과에 관한 오해와 진실

1. 성과를 매출이나 이익과 비슷한 것으로 생각한다.

2. 성과와 수치를 같은 개념으로 생각한다.

3. 성과와 좋은 결과를 동일시한다.

4. 성과와 실적, 결과를 혼동한다.

1. 성과는 매출이나 이익과 같은 회사나 사업부 차원의 성과도 있지만 팀 차원, 팀원 차원의 성과도 있다.

   성과는 중장기성과도 있고, 연간성과, 반기성과, 분기성과, 월간성과, 주간성과, 일일성과, 과제별 성과, 프로젝트 성과 등 조직이나 기간에 따라 성과의 기준이 모두 다르다.

2. 성과는 모두 수치의 형태로 나타나지는 않는다.

   성과란 목표를 달성한 결과물이기 때문에 목표가 어떤 형태이냐에 따라 창출된 성과의 모습도 다르다.

   성과가 수치로 나타나면 좋겠지만 그렇지 않더라도 최대한 객관화된 형태로 표현되는 것이 좋다.

3. 성과는 좋은 결과가 아니라 기대한 결과이다.

   외부환경의 변화나 뜻하지 않은 요인으로 인해 좋은 결과가 산출되었다 해도 그건 어디까지나 좋은 결과일 뿐이지 의도한 결과나 기대한 결과는 아니기 때문에 성과라고 하지는 않는다.

4. 성과는 수요자가 기대하는 결과물인 목표를 달성한 상태이다.

   실적은 실행자 관점에서 열심히 일한 결과물이고, 결과는 일이 마무리된 상태를 말한다.

성과창출의 출발점은 성과에 대한 이해로부터

"성과와 실적의 차이를 개념적으로 명확하게 이해하고
성과창출 프로세스에 기반하여 실행 프로세스를 작동시키고
상위리더와 하위리더, 실무자들의 역할이 제대로 수행할 때
비로소 제대로 일하여 기대하는 성과를 반복적으로 창출할 수 있다."

"대부분의 사람들은 성과나 실적의 차이에 대해서
구체적으로 구분하지 못할 뿐더러
개념을 구분하는 것이 뭐 그리 중요하냐고
대수롭지 않게 생각하는 경우가 많다.
그러나, 개념을 제대로 모르면
생각하고 행동하는 기준이 달라지기 때문에
당연히 개념 차이를 제대로 아는 것이 중요하다."

성과는 실적과 어떻게 다른가?

성과(Performance)란

과제수행을 통해 수요자, 상위리더가 요구하는 결과물을 객관화한

성과목표가 달성된 상태를 말한다.

성과의 관점에서는 평가를 목표에 대비해서 한다.

성과주의란

인과적 과정주의, 고객만족주의, 수요자 중심주의, 목적주의를 표방한다.

성과주의란 기대하는 성과를 창출하기 위해

성과목표는 수요자의 요구기준에 따라 상태적으로 설정했는지,

달성전략은 인과적으로 타깃지향적으로 수립했는지,

리스크 헷징(Risk Hedging)은 외부환경요소와 내부역량요소로 나눈

대응 방안 수립과 플랜B의 마련을 통해 이루어졌는지,

실행은 최종목표를 기간별로, 과정목표로 캐스케이딩해서 실행했는지에 관한

인과적 과정을 평가하고 판단하는 것을 말한다.

실적(Results)이란 노력한 결과물을 말한다.

실적의 관점에서는 업무달성율과 실행한 일을 했는지만을 따지고

평가는 계획과 대비하여 한다.

실적주의란 실행자 중심주의, 공급자 중심주의, 절차노력주의를 표방한다.

결과주의란 드러난, 나타난 결과를 기준으로 따지고 평가하는 방식을 말한다.

즉, 성과는 필연적 산출물이고, 결과는 우연적 산출물이다.

성과란 고객(외부, 내부) 만족의 기준을 달성한 상태이다.

성과란 일(과제) 자체의 실행결과가 아니라
일의 목적한 결과물, 수요자가 요구한 결과물을
달성한 상태를 말한다.

Performance : 鳥瞰圖

per(기준) + form(완성된 형태, 결과물의 품질) + ance(상태, 행동)

성과의 영어 어원을 분석해 보면 '완성된 형태나 결과물의 품질 상태에 관한 기준'이라는 의미를 가지고 있다. 최종상태(End State), 끝그림(End Picture)이라는 뜻을 가진 '조감도(Bird's eye view)'와 같은 의미를 가진다.

성과는 '기대하는 결과물(책임)'을 달성한 상태를 말한다

핵심과제 – 역할 (해야 할 일)	기대하는 결과물(성과목표) – 책임 (목표, 원하는 결과물이 이루어진 상태를 세부내역의 형태로 표현)	완료일정 & 예상소요시간
성과평가 제도개선 보고서 작성	성과평가제도 개선 보고서 항목별 세부내역 (반드시 포함해야 할 내용)	~ 11/20(수), 10:00 (11H)
	1. 보고서 개요 (1page 분량) – 기존성과평가를 수시평가 체제로 전환하는 배경과 추진 목적	11/18(월), 09:00 ~ 11:00 (2H)

	2. 기존 평가제도 대비 신규 평가제도 변경 이슈 사항 비교분석 자료 (10page 분량)
	  – 평가의 핵심 : 성과평가의 대상 비교
	  – 평가 대상 : 임원, 팀장, 팀원 각각 비교
	  – 평가의 프로세스와 점수 부여 방법 비교
	  – 평가 횟수와 점수 반영 비율 비교
		11/18, 13:00 ~ 17:00 (4H)

	3. 수시평가 체제 전환에 따른 예산과 시행일정 계획안 (2page 분량)
	  – 소요 예산 비용
	  – 시행일정과 운영주체별 R&R 부여
		11/19(화), 09:00 ~ 11:00 (2H)

	4. [부록]으로 성과평가 설계 세부내용 첨부 (50page 분량)
	  (전월 작성한 기존 제안내용 활용하여 수정사항 반영)
	  …
		11/19, 14:00 ~ 17:00 (3H)

성과관리의 기본요소

일하는 방식, 일하는 문화 전환

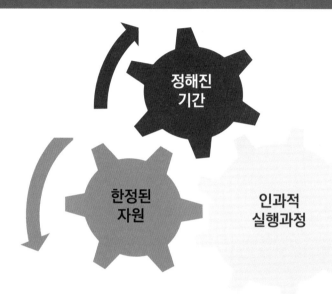

- 과제, 절차, 일정 중심의 귀납적 프로세스 → 성과목표, 인과적 달성전략 중심의 연역적 프로세스
- 제도와 시스템(양식, 절차, 페이퍼워크) 중심의 형식적 성과관리 뛰어넘기
- 리더, 실무자 모두 자기완결적 성취 추구 : 원하는 결과물을 합의하고 함께 이룬다.
- 지시통제 중심 상사 → 코칭과 권한위임 중심 리더
- 시키는 대로 일하는 수동적 부하, 업무 실행자 → 자기주도적으로 일하는 능동적인 파트너, 자기완결형 성과경영자, 성과책임자

성과관리는 실적관리와 어떻게 다른가?

성과관리(Performance Management)란,

일을 하기 전에 또는 기간(연간, 반기, 분기, 월간 등)별 활동이 시작되기 전에 수요자가 기대하는 결과물의 기준을 'KPI + 수치목표'나, 상태적인 목표(Objective) 의 형태로 객관화하여 성과목표로 설정하고 인과적 과정관리를 하여 정해진 기간 내에 기대하는 성과를 창출하는 방법이다.

성과관리방식은 Preview, Causal Execution , Review 단계 중에서도, 특히 Preview 단계에 중점을 두고 코칭하는 피드포워드(Feedforward)방식이다.

성과관리방식은 상위리더가 하위리더나 실무자에게 사전에 성과목표를 합의하고 인과적 달성전략을 코칭한 다음 실행과정에 대해 권한위임하는 방법으로 진행하기 때문에 자율책임경영방식이자, 자기주도적으로 일하는 방식이라고 할 수 있다.

실적관리(Results Management)란,

일을 하기 전에 지향적 목표(Goal)나 연간 목표대비 기간별 수치목표를 설정하거나 과제와 완료일정을 중심으로 액션플랜으로 계획하고 실행하는 방법이다.

일이 끝난 후에 결과가 어떻게 되었는지 달성률로 평가하거나 액션플랜대로 이행되었는지 점검하고 부족한 부분을 어떻게 개선하겠는지 피드백하는 방법이다.

실적관리방식은 사전보다는 사후에 일의 결과를 바탕으로 평가하고 피드백 (Feedback)하는 방식이다.

실적관리방식에서는 상사가 일의 진행상황에 대한 의사결정권을 가지고 실행하는 사람을 통제하는 데에 주안점을 두게 된다.

성과 vs. 실적 vs. 결과 vs. 업적 : 개념

성과
performance

- 일을 통해 원하는 결과물이 이루어진 상태
- 고객, 수요자가 기대하는 결과물인 목표를 달성한 상태
- 일을 시작하기 전에 원하는 결과물의 기준을 정해 실행하는 의도한 결과물, 목적한 결과물, 기획된 결과물

成果

실적
output / record

- 결과를 위해 노력한 상태
- 노력한 결과인 달성률과 결과를 위해 노력한 일을 평가
- 실행자 관점의 결과물, 맹목적 결과

實績

결과
output / result

- 일이 마무리된 상태
- 목표나 과정에 관계 없이 최종적으로 드러난 모든 결과물

結果

업적
achievement /
accomplishment

- 실적 중에서 의미 있는 실적
- 주요실적

業績

실적주의 : 일반적 개념 정의

실적주의는

- 실행의 기준이 과제, 해야 할 일에 있고
- 일정별로 해야 할 일을 하고 나서 드러난 결과인
  실적으로 기여도를 판단하는 메커니즘

실적주의는

- 실행과정을 일일이 지시하든지
  완료기간까지 알아서 하도록 방임하든지 둘 중에 하나로 귀결됨
- 실적, 결과에 대해 일을 시킨 사람이 피드백

성과주의 : 일반적 개념 정의

성과주의는

- 실행의 기준이 원하는 결과물
- 일을 하기 전에 수요자가 원하는 결과물의 기준을 구체화하고
  인과적인 활동을 통해 기여해 나가는 메커니즘

성과주의는

- 일을 하기 전에 상위리더가 기대하는 결과물의 기준을
  실행조직이나 실무자와 사전에 합의하고
- 성과창출전략에 대해 코칭하고 검증한 다음
- 실행행위는 델리게이션하고
- 성과에 대해 평가하고 피드백하는 코칭 프로세스 작동

성과창출의 조건

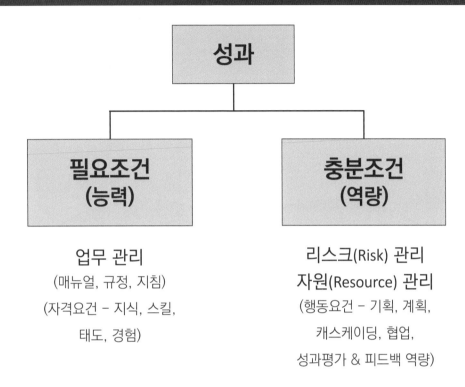

업무 관리
(매뉴얼, 규정, 지침)
(자격요건 – 지식, 스킬,
태도, 경험)

리스크(Risk) 관리
자원(Resource) 관리
(행동요건 – 기획, 계획,
캐스케이딩, 협업,
성과평가 & 피드백 역량)

나름대로 열심히 일하지만 성과를 창출하지 못하는 이유는?

1. 성과목표, 기대하는 결과물에 대한 구체성 결여

2. 타깃 중심의 달성전략 부재
   – 특히, 변동변수와 예상리스크요인에 대한 공략 방안 부재

3. 리더들의 코칭 역량 부족, 실무자들의 실행 역량 부족

4. 성과목표에 대한 실행 관리체계 부재

지난 1년간 수행한 일의 성과, 실적, 결과를 집합 개념으로 나름대로 그려 봅시다.

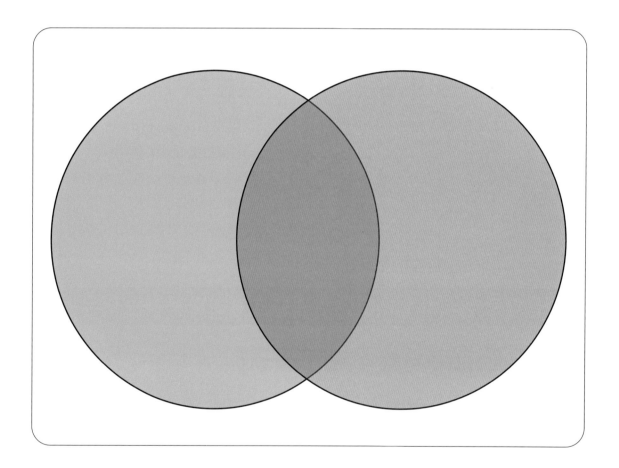

아래는 어떤 조직의 성과, 실적, 업적을 집합으로 그린 것입니다.

이 조직은 성과관리를 어떻게 하고 있다고 평가할 수 있을까요?

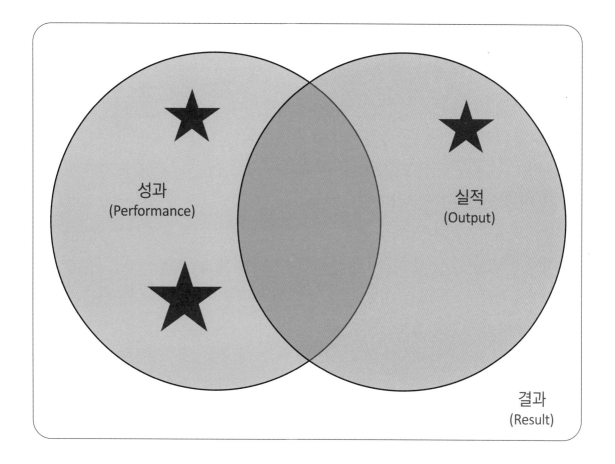

★ 업적(Accomplishment)

의도한 대로 원하는 바를 실현해 낸 것이 성과이다.
의도가 없더라도 결과를 위해 노력한 상태가 실적이다.

성과와 실적은 결과적으로 중첩될 수 있지만,
실적은 한정된 자원을 효율적으로 활용한 결과로 보기 어렵고
고객이 원하고 기대하는 결과물이 아닌 경우가 많다.
수행자 본인은 열심히 했지만 고객은 원치 않는
결과물을 많이 내는 조직은 도태되어 갈 수밖에 없다.

반면, 성과는 고객과 수요자의 기대에 초점을 두어
기획하고 실행한 결과이므로
한정된 자원을 더욱 효율적으로 활용한 결과라고 할 수 있다.
그래서 성과를 추구하는 구성원일수록 조직에 기여한 바가
상대적으로 크기 때문에 보상과 승진의 기회도
우선적으로 가져야 한다.

한편, 업적이라고 함은 성과 중에서
개인이나 조직의 기억과 기록에 남을 만한
특별한 의미와 가치가 있는 것만을 추려서 말하는 것이다.

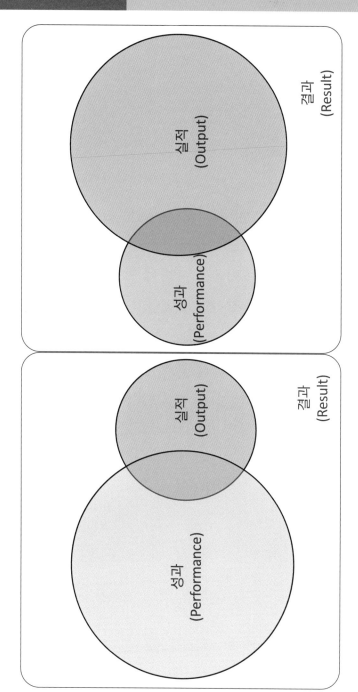

성과관리를 못하는 조직의 예

실적
(Output)

성과
(Performance)

결과
(Result)

성과관리를 잘하는 조직의 예

실적
(Output)

성과
(Performance)

결과
(Result)

※ 이 그림을 참고해 본인이 경험한 사례 중에서
성과관리를 잘한 경우와 못한 경우를 대비해서 예시해 봅시다.

성과관리를 잘하는 조직은

결과물의 대부분이 성과인 조직이며,

우연히 얻은 실적의 크기도 매우 적다.

당연히 기억에 남을 만한 업적도 대부분은 성과물 중에서 존재한다.

반면,

성과관리를 못하는 조직 또는 실적관리 수준에 그치는 조직은

고객이 원하는 결과물인 성과의 비중은 적은 데 반해

구성원 각자가 나름대로 노력한 결과인 실적의 비중이 매우 크다.

성과관리를 잘하는 조직은 고객이 다시 찾기 때문에 번창해 가지만,

성과관리를 못하는 조직은 그들만의 리그를 펼치다가 쇠락하거나 사라져 간다.

생각해 봅시다 3-1.

아래 템플릿에 의거해야 '나의 성과관리'에 대해 되짚어 봅시다.

	나의 지난 1년간 주요 내용	나의 성과관리방식
결과	지난 1년간 업무 결과물을 모두 커버해서 적는다는 생각으로 적어 본다.	나는 성과관리를 잘하는 사람인가? 성과관리에 있어 나의 강점은 무엇인가? 성과관리와 관련하여 앞으로 학습하며 보강해 갈 사항은 무엇인가?
성과	위의 업무 결과물 중에서 본인이 고객과 수요자의 기대에 부응하는 방안을 기획해서 추진했던 경우만 적어 본다.	
실적	결과물 중에서 성과를 제외한 사항만 적어 본다. 즉 우연히 얻은 결과물, 목표나 효과에 연결됨이 없이 산출된 결과물을 말한다.	
업적	성과 중에서 기억에 남을 만한 성과를 적는다. 실적 중에서 기억에 남을 만한 실적이 있다면 적어 본다.	

	나의 지난 1년간 주요 내용	나의 성과관리방식
결과		
성과		
실적		
업적		

CHAPTER
2

왜 성과관리 방식인가?

Why is
PXR
Performance Management
essential?

일을 해서 좋은 결과를 내는 방법에는
여러가지가 있지만 지금 필요로 하는 방식은?

[방식 1]

    CEO나 임원 등 주요 직책자들이 하위조직이나 구성원들의 일하는 과정 하나하나에 일일이 관여하고 실행방법을 지시하여, 결과가 원하는 대로 나올 때까지 당근과 채찍을 번갈아 쓰는 방법

[방식 2]

    수치목표나 과제를 부여하고 일정을 제시한 다음, 수단과 방법을 가리지 않고 결과를 가져오게 닦달하고 질책하는 방법

[방식 3]

    일을 시작하기 전에 성과목표나 기대하는 결과물의 기준을 합의하고, 성과창출전략이나 실행방법에 대해 실행할 사람이 먼저 수립하게 해서 기준을 검증하는 방식의 코칭을 한 다음, 실행에 대해서는 권한위임(Delegation)하는 방법

공급자 중심의 경영환경이던 예전에는 대개 1번이나 2번 방식으로 일을 했다. 그래도 고도성장 환경이었기 때문에 어느 정도 먹혀 들었다.

2010년대 이후 공급자 중심의 시장이 고객 중심의 시장으로 패러다임이 전환되고, 인터넷과 SNS가 진화되면서 성과창출을 위한 의사결정의 중심축이 고객과 떨어져 있는 최고경영층에서 고객접점에 있는 팀으로 옮겨갈 수밖에 없는 환경이 되었다. 당연히 소통하는 구조나 일하는 메커니즘도 권한위임을 전제로 한 책임경영방식이 필연적으로 운영될 수밖에 없게 되었다.

그래서 기업들은 예전의 상위조직 중심의 실적관리방식, 방침관리방식을 뒤로하고 실행조직, 실행자 중심의 성과관리방식으로 전환할 수밖에 없는 필연적 환경에 놓이게 되었다.
게다가 주52시간 정책, 코로나 사태 이후 비대면 근무환경의 확산, MZ세대의 등장으로 권한위임을 전제로 한 자율책임경영방식의 필요성이 가일층 증대되고 있는 것이다.

성과관리방식 출현의 시대적 배경

경영환경 메가트렌드의 변화로
실적관리, 방침관리의 시대가 가고
성과관리, 전략관리의 시대로 전환

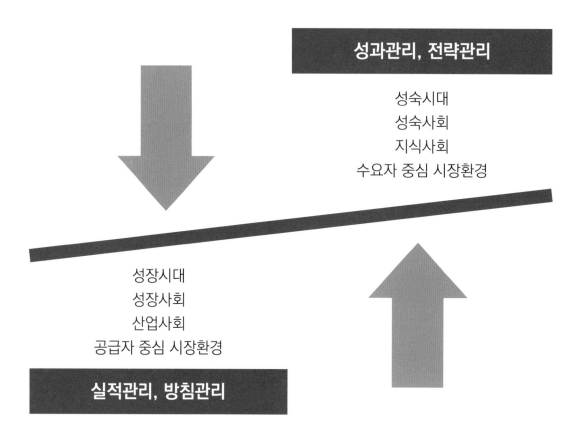

성과관리, 전략관리

성숙시대
성숙사회
지식사회
수요자 중심 시장환경

성장시대
성장사회
산업사회
공급자 중심 시장환경

실적관리, 방침관리

경영환경 변화에 따른 일하는 방식의 혁신 방향

	FROM	**TO**
관리의 중심축	중간관리자 / 상사	리더 & 실무자
근무공간과 시간	오프라인 중심의 집단 근무	재택, 원격, 개인 중심의 On & Off 하이브리드 근무
일하는 문화, 일하는 방식	집단주의, 실적관리	집단 속의 개인주의, 성과관리
리더 역할 (CEO / 본부장 / 팀장)	상사형	리더형
실무자 역할	부하직원 역할 상사보조자 역할	파트너 역할 독립적 성과책임자 역할
조직관리 / 업무관리 / 사람관리 방식	상사 중심의 업무관리 / 실적관리방식	실무자 중심의 R&R / 성과관리 방식

고객가치 현실화	성과는 고객과 거래하는 재화와 서비스	전략적 고객만족 관리
한정된 자원의 우선적 배분	한정된 시간, 인원, 예산, 인력 → 성과를 향해 최적화	전략적 자원관리
예상 못한 리스크 최소화	성과목표, 세부구성요소, 타깃지향 달성전략 →내외부 리스크 대응	전략적 리스크관리
자기완결형 권한위임 실행	실행자 주도 달성전략 수립 → 실행 과정의 '역할'과 '책임'의 위임	전략적·인과적 과정 관리

Empowerment? → Delegation!

성과관리방식이 지향하는 조직문화

[DNA 1]

    수요자가 기대하는 결과물(상태적 목표, Objective)을

    사전에 수요자와 실행자 간에 합의하는 문화

[DNA 2]

    기대하는 결과물을 이루어 내기 위해

    인과적 과정관리(Cascading)를 실행하는 문화

[DNA 3]

    자기완결적, 자기주도적 실행을 위해

    델리게이션(Delegation)을 실천하는 문화

성과관리방식의 출현 배경 ①

성과관리방식은 일하는 방식이다.

이전의 업무관리, 실적관리방식을 극복하고자 정립된 방식이다.

성과관리는 일하는 방식이다

	실적관리방식	성과관리방식
과제 선정	• 상위조직 / 리더 지시 & 통보	• 상위리더 실행자 합의 : 피드포워드
목표설정	• 수치 지향적 목표 하달, 모니터링	• 상태적 목표설정 및 델리게이션
달성전략	• 상위리더 제시, 개입 및 Push	• 타깃 & 갭 지향 인과적 전략
실행계획	• 일정보고, 중간보고, 최종보고	• 기간별 캐스케이딩(분기 / 월 / 주)
과정관리	• 결과물 점검, 사후적 대응 조치	• 주기적 코칭 및 성과목표 Rolling
협업	• 상의하달 회의 + 실무자 간 협업	• 수직적 협업 + 수평적 협업 지원
평가	• 목표 대비 달성율 기반 평가	• 과정 & 성과, 개선 & 만회 : 피드백
보상	• 인사고과 결과 기반 연말 보상	• 성과분석 · 평가 기반 수시 & 정기 보상

성과관리방식의 출현 배경 ②

성과관리방식은 고객 중심의 시장환경 때문에
상사 중심의 업무지시방식을 극복하고
실행자 중심의 자율책임경영방식으로 새롭게 정립된 방식이다.
상사란 리더와 다르게
보고받고 지시하는 방식에 익숙한 사람이다.

성과관리방식이 추구하고자 하는 것

MBM vs. MBO

MBM이란 Management By Managers의 줄임말로
상사에 의한 지시통제를 의미한다.
MBO란 Management By Objectives의 줄임말로
목표에 의한 관리를 지칭한다.

피터드러커가 1954년《경영의 실제》에서 정립한 '목표관리'의 개념이다.
목표관리(MBO)란 목표에 기준한 자율책임경영방식이라고 할 수 있으며
성과관리방식의 출발점이라고 할 수 있다.
성과관리방식은 상사에 의한 지시통제방식의 대척점에 있는 일하는 방식이다.

CHAPTER
3

어떻게
성과관리방식으로
일해야 하는가?

How should I work

with PXR

Performance Management?

성과관리의 본질적 메커니즘

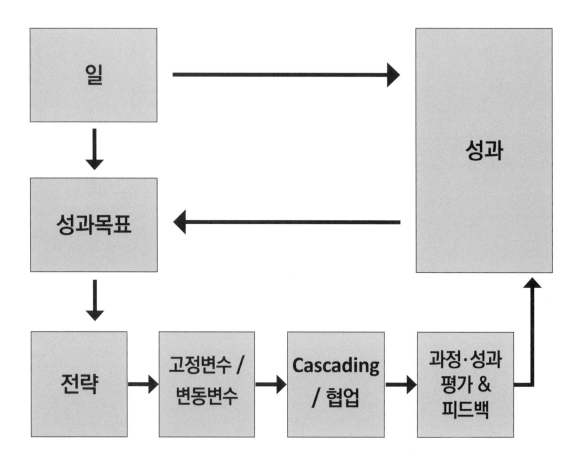

성과창출의 핵심요소는?

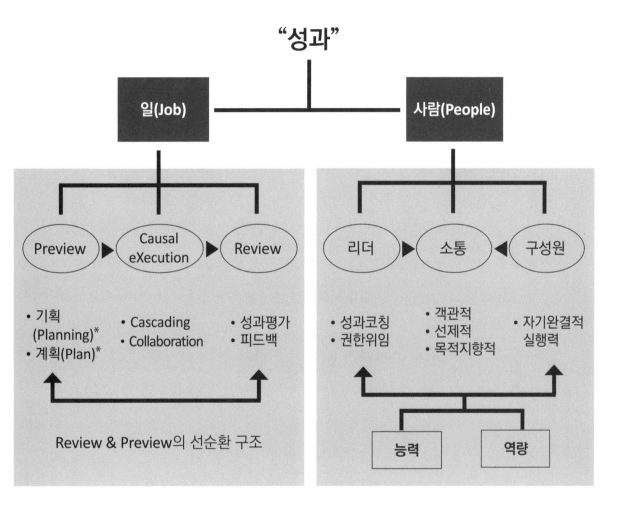

* 기획(Planning)은, 성과목표와 달성전략과 소요자원을 결정하는 것이다.

* 계획(Plan)은, 기획한 것을 실행으로 옮기기 위해서 일정별로 해야 할 일의 순서를 결정하는 것이다. 계획의 기준은 '기획'에 있다.

1. 기대하는 성과를 창출하기 위해서는,
   일(Job)관리와 사람(People)관리를 균형 있게 하는 것이 필요하다.

2. 기대하는 성과를 창출하기 위해서는,
   리더는 일 관리를 통해서 성과코칭과 권한위임을 잘해야 하고
   사람관리를 통해서 소통관리나 실무자의 능력개발과 역량훈련이 필요하다.
   실무자도 성과창출 프로세스 단계별로 자신의 생각을 구체화하여
   리더의 코칭을 통해 자신이 미처 생각하지 못했던 부분들을 깨닫는 계기를 만들고
   리더와의 관계에서 리더를 자신의 업무수행 결과물의 수요자라고 생각하고
   항상 수요자 중심으로 일하고 수요자 중심으로 선제적 소통을 하는 것이 필요하다.
   능력과 역량을 진단하여 리더의 코칭을 받고 부족한 능력과 역량에 대해서는
   자기계발 목표를 최소 월간 단위로 세우고 지속적으로 달성해 나가야 한다.

3. 리더는 실무자에게 일을 하게 함에 있어서
   '성과코칭'과 '권한위임'이 성과창출의 핵심역량임을 깨닫고
   성과창출 프로세스별로 개념을 명확하게 익히고
   단계별 기준에 대해서 실무자에게 구체적으로 설명해 줄 수 있도록 해야 한다.

"99%의 사람들은
현재를 보면서
미래가 어떻게
될지를 예측하고,

1%의 사람들은
미래를 내다보며
지금 어떻게
행동해야 할지를
생각한다."

간다 마사노리
(神田 昌典)

당연히 후자에 속한 1%의 사람이 성공한다!

"성공하는 사람들은
미래로부터 역산해서(Backward Scheduling)
현재의 행동을 결정한다."

성과를 창출하게 하는 메커니즘

[메커니즘 1]

무슨 일을 하든지 일을 하기 전에

일을 지시하는 사람, 일을 시키는 사람(주로 상위리더)이

일을 실행할 사람과

기대하는 결과물의 기준을 합의한다.

기대하는 결과물의 기준은 실행할 사람이 먼저 고민한다.

[메커니즘 2]

실행할 사람이 고민한 기대하는 결과물에 대해서는

일을 지시한 사람(상위리더)이 코칭하고 컨펌(Confirm)한다.

[메커니즘 3]

기대하는 결과물이 상호 합의되었으면

기대하는 결과물을 달성하기 위한 방법을 실행할 사람이 고민하여

지시한 사람이 코칭하고 실행행위에 대해서는 권한위임한다.

성과창출의 핵심 성패요인

핵심 성공요인 (Key Success Factor)	핵심 실패요인 (Key Failure Factor)
리더의 역할 혁신과 코칭 실천부터 : 성과관리, 성과코칭 교육보다 훈련	성과관리 개념과 당위성 이해 부족 : 혼란스러운 불명확한 정의 및 설명
리더가 바뀌어도 성과관리, 성과코칭 방식 동일	성과, 성과관리, 성과코칭… 나도 알아!
업무계획서 버리고 성과기획서로 전면 전환	리더의 미진한 역할 행동 : 모양과 절차만 있는 형식적 제도 운영
기간별 업무관리 도구와 프로세스 전반 혁신	BSC/KPI, MBO, OKR… 우리도 쓰고 있어!
지속적, 일상적 코칭 / 평가 / 피드백 리더 / 실행자 협업형 코칭	일정 및 보고 중심 실행 방식 : 계획 및 실적 보고 절차의 무한 반복
일일 / 주간 / 월간 단위 셀프 평가 + 자발적 코칭 요청	'중기전략 – 연간계획 – 기간별 계획 → 보고'가 일
선행적, 인과적 성과평가 및 보상 : 성과창출에 인과적으로 기여한 사람	공정치 못한(납득이 어려운) 평가 보상 : 열심히 일한, 고생한, 줄 잘 선 사람
수요자가 기대하는 결과물에 기여한 정도로 평가	경기 좋을 때 세운 목표로 경기 하락 시 실적평가

조직의 성과창출을 위해 리더가 선택하는 매니지먼트 유형

[유형 1]

　코칭을 위장한 통제형 : 상사 중심의 지시통제방식

[유형 2]

　자율을 가장한 방임형 : 상사 중심의 사후정산방식

[유형 3]

　기준을 합의한 위임형 : 실행자 중심의 자율책임경영방식

상사가 하는 '업무관리'
VS.
리더가 하는 '성과코칭'

리더십이란?

"리더십이란,

리더가 책임지고 있는 조직의 현재 성과와 미래 성과를

지속가능하게 창출하기 위하여

구성원에게 역할(Role)을 배분해 주고

그 일의 결과(성과)에 관한

책임(Responsibility)을 부여해[Empowerment]

정해진 시간 내에 고객이 원하는 결과물을

달성할 수 있도록[Delegation] 매니지먼트하는

제반 역할 행동을 말한다."

역할과 책임(Role & Responsibility)

Q. 왜 역할을 제대로 못하는가?

- 자신의 직책, 위치에서 조직에 기여해야 할 가치가 무엇인지, 정해진 기간에 해야 할 일이 무엇인지 잘 몰라서

- 자신이 책임져야 할 성과의 내용과 범위를 잘 몰라서

- 고객의 요구사항과 현장의 현재 상황을 잘 몰라서

Q. 왜 책임을 다하지 못하는가?

- 책임져야 할 것이 구체적으로 무엇인지 잘 몰라서

- 책임져야 할 것에 대해 공정하게 평가하고 분석적인 피드백이 뒤따르지 않아서

- 실행방법에 대한 의사결정 권한이 없어서

역할(Role)	&	책임(Responsibility)

할당된 배역의 준말	배역을 구성하는 구체적 일들
역할은 조직에서 맡겨진 것	맡겨진 역할과 임무 수행을 통해 빚을 갚는 것
개인적으로는 하고 싶지 않아도 직책·자리에서 꼭 해야 할 일	갖고 있는 능력을 역량으로 발휘해 응답하는 것
맞지 않거나 할 생각이 없거나 하지 않으면 내려놓아야 함	책임을 다한 만큼 보상을 받고 해태하는 경우 패널티를 받음
역할에는 제대로 된 인식과 사명감이 전제되어 있음	'일을 해서 창출해야 할 성과'가 전제되어 있음

R&R

체크해 봅시다

[연습]

아래 설명은 각각 역할과 책임 중 어디에 해당하나요?

① 조직에서 할당된, 부여된 배역 ·············	
② 맡겨진 임무수행을 통해 빚을 갚는 것 ·········	
③ 일을 통해 창출할 성과가 전제된 것 ··········	
④ 임파워먼트의 대상이 되는 것 ··············	
⑤ 갖고 있는 능력을 역량으로 발휘해 응답하는 것 ····	
⑥ 사명감이 전제되는 것 ·················	
⑦ 배역을 통해 이루어야 하는 사항들 ···········	
⑧ 완결하고 이룬 만큼 보상을 받게 되는 것 ········	

[해답]

① 조직에서 할당된, 부여된 배역 ·············	역	할
② 맡겨진 임무수행을 통해 빚을 갚는 것 ·········	책	임
③ 일을 통해 창출할 성과가 전제된 것 ··········	책	임
④ 임파워먼트의 대상이 되는 것 ··············	역	할
⑤ 갖고 있는 능력을 역량으로 발휘해 응답하는 것 ····	책	임
⑥ 사명감이 전제되는 것 ···················	역	할
⑦ 배역을 통해 이루어야 하는 사항들 ··········	책	임
⑧ 완결하고 이룬 만큼 보상을 받게 되는 것 ········	책	임

임파워먼트와 델리게이션(Empowerment & Delegation)

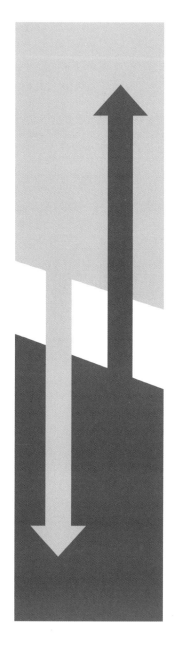

Q. 위임이 잘 이루어지지 않는 이유

- 위임이라고 쓰고 방임이라고 읽는 경우

- 구성원들을 일일이 지시통제할 수 있다고 착각하기 때문

- 권한위임과 코칭의 방법과 프로세스를 제대로 모르기 때문

- 구성원의 역량도, 자신의 매니지먼트 역량도 잘 모르기 때문

- 단기실적으로 바빠서 위임하고 코칭할 여유가 없다는 인식

Q. 무엇을 위임해야 하나?

- 권한위임이란, 자신의 역할과 책임에 대한 실행을 다른 사람에게 위탁하는 것

- 일에 대한 역할 위임에서 성과에 대한 책임까지 위임해야

- 역할과 책임 위임의 범위(과제, 목표, 조감도, 전략, 캐스케이딩 …)를 구성원 및 업무 단위로 코칭 필요

임파워먼트(Empowerment)	델리게이션(Delegation)
• 역할 부여 : 구성원에게 일·업무·직책을 부여하는 것	• 책임 위임 : 성과창출전략과 실행 방법의 선택에 대한 의사결정 권한을 위임하는 것
• 구성원이 보유한 능력과 실제 행동으로 발휘된 역량에 따라 역할(Role)의 범위 설정	• 성과에 대한 책임과 그 책임의 이행에 필요한 권한을 함께 부여하는 것
• 리더는 구성원의 능력, 역량을 관찰·기록, 진단·분석해 역할을 부여하는 성과 리더십 발휘	• 구체적 성과목표, 성과창출전략을 명확히 밝히고 코칭받는 데에서 출발
Ex. CEO → 사업부, 임원 R&R 　　　CEO ⇄ 임원 → 팀, 팀장 R&R 　　　팀장 → 각 팀원 R&R 설정	• 리더는 기준에 대한 검증자 역할 가능
	• 구성원의 코칭 요청 행동도 중요
	Ex. 코칭 요청사항 　　　: 핵심과제 수립, 성과창출전략, 기간별 과정목표와 성과창출전략 과정, 최종 결과물, 개선과제, 만회 대책

[연습]

아래 설명은 각각 임파워먼트(E)와 델리게이션(D) 중 어디에 해당하나요?

① 구성원에게 일, 업무나 직책을 부여하는 것 ··········	
② 성과에 관한 책임과 권한을 함께 부여하는 것 ·········	
③ 실행전략과 방법에 관한 선택권을 맡기는 것 ·········	
④ 구성원이 가진 능력과 역량에 따라 달라지는 것 ·······	
⑤ 목표와 전략에 대한 코칭을 통해 출발하는 것 ··········	
⑥ 팀원의 능력과 역량 진단과 분석이 필요한 것 ·········	
⑦ 이것으로 리더는 기준에 관한 검증자 역할에 집중 ······	
⑧ 상위리더에 대한 구성원의 코칭 요청 행동도 중요 ······	

[해답]

① 구성원에게 일, 업무나 직책을 부여하는 것 ·········· E

② 성과에 관한 책임과 권한을 함께 부여하는 것 ········· D

③ 실행전략과 방법에 관한 선택권을 맡기는 것 ········· D

④ 구성원이 가진 능력과 역량에 따라 달라지는 것 ······· E

⑤ 목표와 전략에 대한 코칭을 통해 출발하는 것 ·········· D

⑥ 팀원의 능력과 역량 진단과 분석이 필요한 것 ········ E

⑦ 이것으로 리더는 기준에 관한 검증자 역할에 집중 ······ D

⑧ 상위리더에 대한 구성원의 코칭 요청 행동도 중요 ······ D

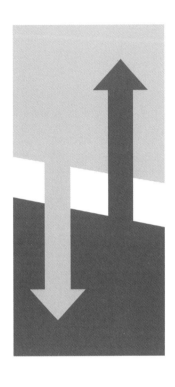

Q. 빈번히 대화를 해도 소통은 잘 안 되는 이유는?

- 업무 현황, 사내·사외의 공통 정보와 같이, 팀·개인 업무와 성과의 기획 및 실행과 관련성 적은 '정보공유' 위주로 대화

- 상하 간 우호적 관계 유지, 좋은 팀 분위기 유지와 같은 감정적 대화, 관계적 대화를 소통의 핵심으로 보기 때문

- 상하 간, 동료 간 한쪽 방향으로 흐르는 일방적 소통이 주가 되는 경우

평범한 조직의 소통 방식	하이퍼포먼스 조직의 소통 방식
• 이런저런 정보와 의견을 나누는 행위	• 기준 / 과정 / 결과를 공유하는 행위
• 관계 유지 및 개선을 위한 소통	• 역할 / 책임 명확화, 필요를 채우는 소통
• 주로 리더가 주체, 구성원은 주로 객체	• 일의 주체 = 소통의 주체
• 실적관리형, 성과저해형 소통 방식	• 성과창출형 소통 방식의 핵심 특징
① 무작정 시작하는 소통 (잘해 보자!)	① 기대하는 결과물, R&R 사전 합의
② 말로만 하는, 기교 중심 소통 (경청)	② '말'과 '글'을 결합하는 소통 (경독청)
③ 팩트와 Data 없는 주관적 소통	③ 일하는 프로세스와 룰 지키는 소통
④ 역할과 책임 모호한 소통	④ 결론부터, 팩트와 Data로 말하기
⑤ Deadline 제시 없는 소통	⑤ 객관적 사실 vs. 주관적 의견 구분
⑥ 성과 기준 및 R&R의 사후적 소통	⑥ 대명사 아닌 명사 중심 말하기
⑦ 상대방 특성, 다양성 모르는 소통	⑦ 다양성 인정 + 상호보완적 소통

Q1. 성과관리방식의 소통인 것과 아닌 것은?

① 다양성 인정 + 상호보완적 소통

② 일하는 프로세스와 룰 지키는 소통

③ 기대하는 결과물, R&R 사전 합의

④ 무작정 시작하는 소통 (잘해 보자!)

⑤ 말로만 하는, 기교 중심 소통 (경청)

⑥ '말'과 '글'을 결합하는 소통 (경독청)

⑦ 팩트와 Data 없는 주관적 소통

⑧ 역할과 책임 모호한 소통

⑨ 결론부터, 팩트와 Data로 말하기

⑩ Deadline 제시 없는 소통

⑪ 대명사 아닌 명사 중심 말하기

⑫ 성과의 기준, R&R의 사후 명확화

⑬ 객관적 사실 vs. 주관적 의견 구분

⑭ 상대방 특성, 다양성 모르는 소통

Q2. 아래 대화 중 개선사항은 무엇인가?

- (리더) 이번 과제는 어떤 것이었지요?
- (팀원) 네, 말씀하신 사항 참고해서 최선을 다해 보려고 합니다.
- (리더) 목표가 뭔가요?
- (팀원) 제가 담당하는 고객들을 이번 달에도 100% 만족시켜 드리는 것입니다.
- (리더) 혼자서 다 하는 것인가요?
- (팀원) 네, 저를 중심으로 동료들과 유관부서의 도움도 약간 필요할 듯합니다.
- (리더) 수행 계획은 어떻게 되나요?
- (팀원) 팀 월간업무 리스트 중 5번입니다.
- (리더) 한두 줄짜리로는 부족하니 좀더 자세한 내용으로 얘기해 봅시다.
- (팀원) 네, 일단 과제 시작부터 해야 하니 다음 주에 따로 말씀드리겠습니다.
- (리더) 일단 그렇게 알아서 해 보세요.

Q1. 해답	Q2. 모범답안
① 다양성 인정 + 상호보완적 소통 (O)	• (리더) 과제, 목표, 캐스케이딩과 협업 등 성과관리 프로세스에 대한 언급은 있지만 구체적인 기준에 대한 제시가 부족하다. 권한위임 후 시작해야 함을 분명히 해야 한다.
② 일하는 프로세스와 룰 지키는 소통 (O)	
③ 기대하는 결과물, R&R 사전 합의 (O)	
④ 무작정 시작하는 소통 (X)	
⑤ 말로만 하는, 기교 중심 소통 (X)	
⑥ '말'과 '글'을 결합하는 소통 (O)	• (팀원) 리더가 요청하는 성과관리 단계와 요소별로 본인의 생각을 정리 해서 코칭을 요청해야 한다. 권한위임되지 않은 사항을 임의로 시작할 수 없다.
⑦ 팩트와 Data 없는 주관적 소통 (X)	
⑧ 역할과 책임 모호한 소통 (X)	
⑨ 결론부터, 팩트와 Data로 말하기 (O)	
⑩ Deadline 제시 없는 소통 (X)	
⑪ 대명사 아닌 명사 중심 말하기 (O)	
⑫ 성과의 기준, R&R의 사후 명확화 (X)	
⑬ 객관적 사실 vs. 주관적 의견 구분 (O)	
⑭ 상대방 특성, 다양성 모르는 소통 (X)	

상위리더와 하위리더·실무자와의 3단계 소통방법

[1단계]

일하기 전에 :

상위리더가 기대하는 결과물을 사전에 합의하게 한다.

[2단계]

일하는 중에 :

기간별 과정결과물을 정기적으로 리포트하게 한다.

(진행된 사항 과정결과물, 남은 과정결과물)

[3단계]

일하고 난 후 :

자기 성과평가를 먼저 하고 상위리더에게 피드백한다.

(피드백의 핵심은 성과 미달성의 원인 분석, 개선과제 도출, 만회 대책 수립)

소통과 협업과 델리게이션과 성과코칭을 위한 공통도구

• R&R Sketch Paper •

과제를 요청한 사람의 요구사항 (리더 또는 협업 요청자)		과제를 실행할 사람이 생각하는 성과목표와 달성전략 (실행자/협업자)	
1. 무엇을? (What)	실행자가 리더로부터 지시받았거나 요청받은 과제를 구체적으로 적는다.	4. 원하는 결과물 (상태적 목표)	실행자가 생각하기에 지시받은 과제를 완료했을 때 기대하는 결과물의 모습을 구체적으로 세부내역의 형태로 나열한다. 동사나 대명사로 적지 말고 명사로 적도록 한다.
2. 언제까지? (When)	언제까지 완료해야 하는지 납기를 적는다.	5. 달성전략/ 공략방법 (How To)	실행자가 생각하기에 원하는 결과물을 달성하기 위한 인과적인 전략과 공략방법을 적는다.
3. 왜? (Why)	과제수행 이유나, 배경, 목적 등을 적는다.	6. 지원 요청사항	달성전략과 공략방법대로 실행하려고 할 때 일을 지시한 사람이 지원해 주었으면 하는 요청사항

: 주1 : R&R : Role & Responsibility

: 주2 : 리더는 팀 내외 협업이 필요한 경우 Who, With Whom 설정을 조율, 조정해 줄 수 있어야 함.

성과코칭이란?(Performance Coaching)

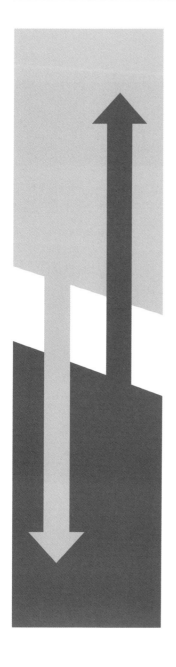

Q. 성과 '관리'에도 '코칭'이 필요해진 이유는?

- 고객의 Needs & Wants는 고객접점 실무자가 정통하므로 …
- 업무의 전문성 고도화, 디지털화로 보고 – 지시 방식 한계 …
- 워라밸, 하이브리드 근무 확산으로 실무 모니터링 어려움 …
- 사회 문화 및 세대 변화(MZ)로 동기부여 방식도 변화 …
- 리더 중심 의사결정에서 자율책임경영방식 이 더욱 효과적 …

Q. 라이프코칭과 성과코칭은 뭐가 다른가?

- 대상자가 원하는 것을 이루도록 방법을 돕는 활동이 아니라, 수요자가 원하는 성과를 대상자 스스로 달성하도록 돕는 것
- 대상자에 따라 방법론과 프로세스가 달라지는 것이 아닌 성과관리 방법론 및 프로세스에 관련된 기준 검증 활동
- 반드시 상위리더가 코치로서 역할을 해야 하는 코칭

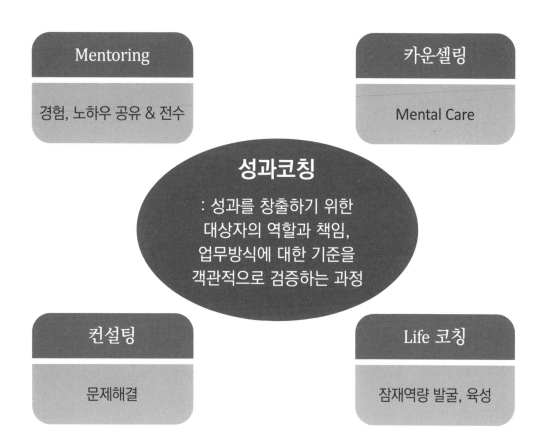

→ 리더는 멘토, 카운셀러 역할도 일부(20%) 하지만
성과창출 위한 코칭 리더십이 핵심(80%)

업무관리 vs. 성과코칭

모든 구성원이 스스로 목표를 설정하고 실행하고
평가할 수 있도록 하는 것이 목적

업무관리(업무실행방법 개입) How-to Intervention	성과코칭 Performance Coaching
• 실행방법에 대한 의사결정	• 의사결정 과정 지원
• 문제해결방법 제시	• 문제해결 지원
• 감독, 지시, 지속적인 개입	• 검증자, 경독청자, 질문자
• 자신의 경험과 지식에 의존	• 현장 데이터, 대상자 생각에 기준
• 꾸짖음, 비난, 질책	• 스스로 깨달음 통해 해법 발견 유도
• 일방적인 소통 　(지시-보고-회의 의존)	• 구체적이고 지속적인 Feedback

티칭 vs. 성과코칭

모든 구성원이 스스로 목표를 설정하고 실행하고
평가할 수 있도록 하는 것이 목적

티칭 Teaching	성과코칭 Performance Coaching
• 한수 가르쳐주는 것 • 해법을 제시하는 것 • 경험과 지식이 핵심 • 노하우(Know-How) → 지식, 스킬, 경험과 방법을 　가르쳐주는 것	• 기준을 제시하는 것 • 해법을 깨닫게 하는 것 • 질문과 경독청이 핵심 • 두하우(Do-How) → 스스로 해법을 찾을 수 있도록 　생각하고 고민하게 하는 것
티칭의 중심은 티칭하는 리더이다	코칭의 중심은 코칭받는 대상자이다

Teaching, Training, Performance Coaching

- Performance Coaching
  : 주로 상위리더가 실제 업무수행(성과창출) 과정 속에서 연중 상시 담당
- Teaching(직무교육, 현장실습) → Training(OJT, 도제, 멘토링) →
  Performance Coaching이 효과적

70 : 20 : 10 Model

직장 내 인재 육성 모델(How Successful Executives Develop on the Job)

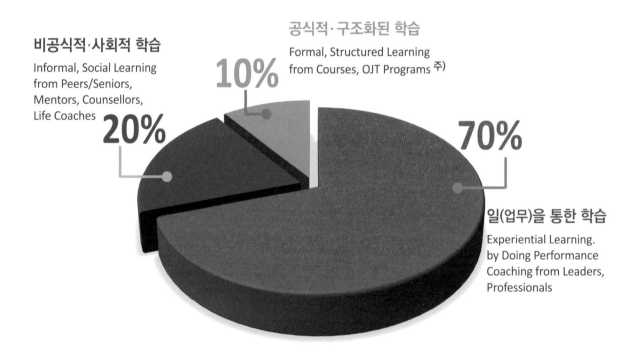

공식적·구조화된 학습
Formal, Structured Learning from Courses, OJT Programs 주)

비공식적·사회적 학습
Informal, Social Learning from Peers/Seniors, Mentors, Counsellors, Life Coaches

10%

20%

70%

일(업무)을 통한 학습
Experiential Learning. by Doing Performance Coaching from Leaders, Professionals

: 주 : OJT ː 업무 매뉴얼 중심의 현업부서 실무훈련, 주로 선배사원이 일정 기간 담당
: 참고서적 : 《The Lessons of Experience: How Successful Executives Develop on the Job》,
　　　　　　McCall, Lombardo, and Morrison(1988)

성과코칭의 전제조건

성과코칭의 전제조건에는 어떤 것이 있고, 전제가 되거나 되지 못하는
이유는 무엇일까요?

성과코칭의 전제조건		전제가 되거나 되지 못하는 이유
티칭, 학습, 훈련이 먼저 이루어져야	1	
대상자(Coachee) 생각이 전제되어야	2	
대상자의 자율성에 대한 인정, 존중	3	
업무 부여, 목표설정, 실행의 권한위임	4	
성과창출 기준 검증이 가능한 상위리더	5	

성과코칭의 전제조건에는 어떤 것이 있고, 전제가 되어야 하는 이유는
무엇일까요?

성과코칭의 전제조건		전제가 되어야 하는 이유
대상자에 대한 티칭, 학습이 전제되어야	1	성과창출 프로세스에 대한 사전 학습과 이해 필수
성과코칭대상자의 생각이 전제되어야	2	성과코칭대상자의 생각을 검증받는 것
대상자에 대한 인정, 존중이 전제되어야	3	코칭은 스스로 역할과 책임을 다하도록 돕는 것
성과코칭은 권한위임이 전제되어야	4	성과코칭을 통해 목표 합의 및 실행 행위를 위임
트레이닝 받은 상위리더가 전제되어야	5	성과코치로서 소양과 스킬, 역량이 있어야 하기 때문에

[연습]

다음의 설명 중 성과코칭에 해당하는 것과 아닌 것을 구분해 봅시다.(O, X)

① 팀의 목표를 고려해서 개인별 업무 목표를 세워서 논의합시다.	
② 서비스혁신 과제에 대해 정리해 준 문제점들을 반영해 보세요.	
③ 마음적으로 불안해 보이니 시간을 잡아서 티타임 좀 가집시다.	
④ 프로젝트의 성과에 대한 자기평가 결과에 대해 대화해 봅시다.	
⑤ 자기계발 계획서를 제출 후에 다음 주에 개인별 면담을 합시다.	
⑥ 금년도에 개인별로 이루고 싶은 목표에 대해 얘기해 봅시다.	
⑦ 과제수행 전략에 대한 피드백 결과를 반영해서 얘기해 봅시다.	
⑧ 거의 유사한 3년 전 프로젝트에 대해 자세히 설명해 줄게요.	

① 팀의 목표를 고려해서 개인별 업무 목표를 세워서 논의합시다.	O
② 서비스혁신 과제에 대해 정리해 준 문제점들을 반영해 보세요.	X
③ 마음적으로 불안해 보이니 시간을 잡아서 티타임 좀 가집시다.	X
④ 프로젝트의 성과에 대한 자기평가 결과에 대해 대화해 봅시다.	O
⑤ 자기계발 계획서를 제출 후에 다음 주에 개인별 면담을 합시다.	X
⑥ 금년도에 개인별로 이루고 싶은 목표에 대해 얘기해 봅시다.	X
⑦ 과제수행 전략에 대한 피드백 결과를 반영해서 얘기해 봅시다.	O
⑧ 거의 유사한 3년 전 프로젝트에 대해 자세히 설명해 줄게요.	X

성과코칭의 질문과 경청

성과코칭의 경청 :

일의 전과정에서, 성과창출 관련 내외부 맥락(context)에 대해 경청

* 경청의 목적이 대상자의 개인 문제 해결이 아니라 성과목표를 실현하는 데 집중

코치와 대상자의 질문·경청 레벨

맥락적 질문·경청
Context Listening

선행적 질문·경청
Proactive Listening

선택적 질문·경청
Selective Listening

형식적 질문·경청
Pretend Listening

일방적 질문·경청
One-Way Hearing

일반적(범용적) 코칭의 경우
코치의 경청 스킬에 초점이 있지만
성과코칭의 경청은
코치와 코치이(Coachee),
상위리더와 하위리더 또는 구성원 간
상호주도적(수직 협업형) 경청이 핵심!

상위리더의
성과 기준 질문 &
맥락적·선행적 경청

성과창출 맥락(프로세서별 기준)

하위리더·구성원의
성과 기준 질문 &
맥락적·선행적 경청

성과코칭의 3단계 커뮤니케이션 원칙

Preview / Plan

[1단계] 일하기 전에

[리더] 성과목표와 달성전략에 대해 코칭

- 과제와 목표의 기획, 계획 방법에 대한 코칭

[대상자] 기대하는 결과물을 사전에 합의

- 과제별 목표와 전략의 세부내역은 실행자가 주도

causal eXecution / Do

[2단계] 일하는 중에

[리더] 캐스케이딩과 협업에 대해 코칭

- 조직별, 기간별, 개인별 아웃풋 관리, 수직적 · 수평적 협업 실행에 관한 코칭

[대상자] 기간별 과정결과물을 공유

- 지난 주, 이번 주, 다음 주 진행과제와 결과물 공유
- 최소한 공정률이 50% 시점엔 중간결과물 공유

Review / See & Feedback

[3단계] 일하고 난 후

[리더] 성과평가와 피드백에 대해 코칭

- 과정 및 성과 분석, 개선과제 및 만회 대책 수립 코칭

[대상자] 성과평가와 피드백에 대해 코칭

- 사전 합의 내용, 코칭받은 내용 대비 실제 결과물 리포팅
- 결론(성과)부터 설명, 상위리더 질문 시 과정 · 상황 설명

성과코칭의 3가지 핵심 타깃

· **Start with Why**
· **Empower with What**
· **Delegate with How !**

WHY

미션과 비전

• 내가 일을 통해 조직에
  기여하는 가치를 명확히
• 조직의 비전 실현을 위해
  자신을 차별화하는 방향 제시
• 미션과 비전도 실현된 상태가
  구체적으로 드러나도록

• 일을 시작하기 전에
  그 일의 목적부터 생각
• 성과목표의 구체적 모습
  (상태적 목표, 조감도)
• 인과적 달성전략 및 예상
  리스크 대응 방안

성과
창출

HOW

목표와 전략

WHAT

역할과 책임

• 직책, 업무, 기능에 따른
  기본 역할과 책임
• 연간, 분기·월간, 주간·일일 단위로
  책임질 결과물까지 다루어야

: 주 : 사이먼 시넥은 《Start with Why》에서, Why(purpose) → How(process) → What(result)를 바람직한
일의 순서로서 제시했지만, 인과적 실행을 강조하는 성과코칭에서는 Why(미션·비전) → What(역할·책임)
→ How(목표·전략)의 흐름이 더욱 적합한 것으로 본다.

성과코칭의 실천 모델 : TRAC

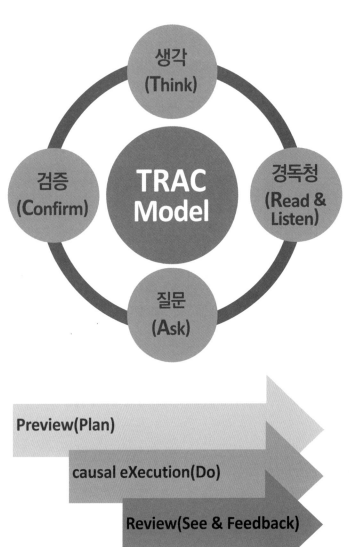

1. **생각 :**
   성과관리 프로세스 단계별 기준에 대해 대상자가 생각할 수 있도록 개념과 원칙을 알려주는 단계

2. **경독청 :**
   타깃과 기준에 대한 자신의 생각을 글로써 말하고, 코치는 경청하는 단계 (대상자 스스로 1차적 해법을 깨닫게 된다)

3. **질문 :**
   기준에 대해 육하원칙에 따라 질문하는 과정에서 더 나은 해법을 깨닫게 하는 단계

4. **검증 :**
   코치의 기준과 대상자의 생각이 어떻게 차이가 나는지 피드백하여 확신과 자신감을 갖게 하는 단계

성과코칭 핵심 포인트 ① 생각(Think Performance)

생각(Think Performance)은
성과창출 프로세스와 단계별 개념과 기준에 해당하는 내용을 안다는 뜻이다.

Preview 단계는 핵심과제 도출, 성과목표 설정, 달성전략 수립,
액션플랜 수립, 예상리스크 대응 방안 수립, 플랜B 수립의 개념과 기준에 대해
구체적으로 알아야 한다.

Causal Execution 단계의 캐스케이딩과 협업하는 방법에 대해 이해해야 하고,

Review 단계의 성과평가와 과정평가, 피드백 개념과 방법을 이해해야 한다.

각 단계별 코칭하는 리더와 대상자인 실무자의 역할에 대해서도
잘 알고 있어야 한다.

프리뷰 Preview / Plan

인과적 실행 causal eXecution / Do

리뷰 Review / See & Feedback

성과코칭 핵심 포인트 ② 경독청(Read & Listen, 傾讀聽)

경독청(Read & Listen)은
코칭대상자의 역할과 책임, 달성전략과 방법의 기준에 대한
대상자의 생각을 대상자가 써 온 글과 대상자의 말로 보고 듣는 것이다.

이를 바탕으로 리더는 실무자의 능력과 역량을 제대로 진단하여
실무자에게 부여할 수 있는 역할과 책임의 크기와 수준을 가늠해야 한다.

경독청은 프리뷰 단계에서 가장 많이 이루어져야 하는데,
본격 실행 사전에 코칭대상자와 리더가 합의에 이르도록 해야 하기 때문이다.

인과적 실행 단계는
경독청의 초점이 기간별 아웃풋과 협업 이슈로 옮겨지게 되고,

리뷰 단계는
기대-실제 결과물의 차이와 원인, 개선과 만회 대책에 초점을 두게 된다.

성과코칭 핵심 포인트 ③ 질문(Ask Right Question)

질문(Ask Right Question)은

경청한 내용에 대해 코칭대상자가

왜 그렇게 목표와 방법을 수립했는지

그렇게 하면 원하는 결과물을 이루는 데 별다른 문제가 없는지 등을

기준에 대해 대상자가 생각한 내용의 근거를 중심으로 물어봄으로써

코칭대상자가 스스로 생각하고 깨닫는 과정을 통해

해법을 찾아 성과와 역량을 개선하고 발전시킬 수 있도록 하는 것이다.

리더들이 가장 많이 오류를 범하는 부분이 질문이다.

성과코칭의 질문은 답정너가 아닌 열린 질문(Open Question)과

이론 / 개념 / 추상성 질문이 아닌 대상자의 생각을 인용한 질문이어야 한다.

특히, 유도 질문(Leading Question)에 가장 유의해야 한다.

성과코칭 핵심 포인트 ④ 검증(Confirm on Criteria)

검증(Confirm on Criteia)은

생각, 경독청, 질문 과정을 통해 성과창출 프로세스 단계별

코칭대상자의 생각을 기준과 부합하는지 비교 분석하는 것이다.

코칭대상자의 생각이 아무리 그럴 듯하더라도 기준의 조건에 부합하지 않으면

질문과 경독청 과정을 통해 명확하게 해법을 깨닫도록 유도해야 한다.

기준이란

핵심과제, 성과목표, 고정변수 / 변동변수 달성전략, 예상리스크 대응 방안,

캐스케이딩, 협업, 성과평가와 피드백 등 각각의 단계별 기준을 제시하고

코칭대상자가 생각하는 내용이 기준에 부합되는지

비교하고 분석하는 작업을 말한다.

기준에 부합하고 내용의 타당성이 있다면

리더는 대상자가 확신을 갖도록 지지해 준다.

확실한 검증이 어려운 상황에서는 잠정적인 확인을 통해

프리뷰, 인과적 실행, 리뷰의 세부단계로 일이 진전되도록

리드하면서 수직적 협업을 이어 나간다.

아래의 주제와 양식으로 하위리더나 팀원을 위해 성과코칭을 해 봅시다.

하위리더 or 팀원의 초안		당신의 성과코칭 내용	
나의 미션	• 내가 정말 하고 싶은 일, 정말 가치 있다고 생각하는 일, 내가 속한 조직이나 사회에 기여하고자 하는 것 • 기여 대상 집단, 사람, 타깃, 업무와 기여 가치를 구체화하고 완성된 문장(statement)으로 작성	나의 미션	
나의 비전	• 미션 추구를 위한 실행수단, 나의 적성과 역량을 고려하여 내가 가장 잘 할 수 있는 것, 주특기를 고려해 설정 • 비전이 실현된 상태를 구체적인 구성요소로 형상화하여 조감도와 같이 제시할 것	나의 비전	
2023 성과 목표	• 비전 달성을 위해 당해연도까지 달성하고자 하는 업무목표와 역량개발 목표에 초점 • 당해년도 성과가 모두 달성된 상태와 세부내역을 마치 조감도와 같이 구체적으로 작성	2023 성과 목표	
2023 성과 달성 전략	• 미션과 비전을 실현하고 연간 성과목표를 달성하기 위해 매월, 매주, 매일 실행해야 할 행동과 이뤄내야 할 행동의 결과물을 적는다. • 반듯한 정신상태와 올바른 행동습관, 건강한 신체, 일상적인 활동을 위한 행동루틴을 적는다.	2023 성과 달성 전략	

[성과코칭 적용 예시] 직장의 미션, 비전, 목표 사례

	Before 성과코칭
나의 미션	나는 글로벌 임플란트 시장 확장을 통하여 회사가 임플란트 사업의 점유율에서 No.1이 되도록 하는 데 적극 기여하는 세일즈맨으로 헌신하고자 한다.
나의 비전	2026년 우리 회사 임플란트 해외 영업 No.1 전문가
2023 성과 목표	1. 해외영업팀 매출 KPI(1천 억) 중 10% 수준 기여 2. 성실한 워라밸 달성 : 결근 0 %, 휴가 사용 100%
2023 성과 창출 전략	1. 매주 1회 해외 가망 고객을 물색한다. 2. 매월 1회 해외 영업에 대해 공부한다. 3. 매월 1회 새로운 상품에 대해 정리한다. 4. 매주 3회 이상 1시간 이상 유산소운동을 한다.

	After 성과코칭
나의 미션	나는 해외 중에서도 유럽 임플란트 시장 확장을 통하여 유럽에서 임플란트 사업의 점유율이 No.1이 될 수 있도록 차별화된 마케팅과 영업에 기여하고자 한다.
나의 비전	2027년 유럽 임플란트 영업 No.1 전문가 "연간 매출 300억, 우수 연자 네트워크 300명, 유럽 임플란트 영업 (최)우수상 3개 받기"
2023 성과 목표	1. 유럽 국가별 임플란트 유통 거래처 10곳 이상 확보 2. 유럽 내 프리미엄 임플란트 시장점유율 10% 향상에 기여 : 1개 이상 국가에서 최고성과기여자(No. 1 or 2)로 인정 받기 3. 유럽 임플란트 중단기 영업전략 보고서 작성 책임수행자로 활약해 CEO 승인 및 영업운영 가이드북 론칭(배포)
2023 성과 창출 전략	1. 매주 1회 유럽 연자와 네트워킹 : 연간 50명 네트워킹 2. 매월 1회 국가별 임플란트 상황을 정리하여 리포트한다. 3. 매월 1회 새로운 재료, 장비 1가지 이상씩 학습하고 특징을 회사 내부용 및 고객용 PPT로 구분해 정리한다. 4. 매주 2회 독일어를 1시간 이상 수강한다. : 독일어 1급 자격증 취득 5. 고객 친교 Activity 개발 : 매주 3회 액티비티 관련 운동

능력과 역량(Capability & Competency)

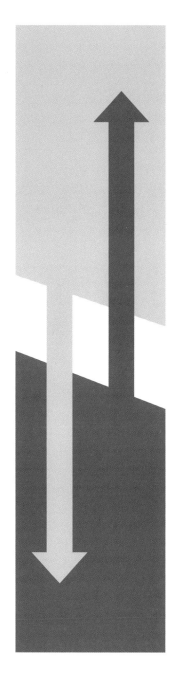

Q. 능력은 있는데 역량이 부족한 경우는?

- 이론적 지식, 실험실 정보에 비해 현장, 현상에 관한 경험과 감각이 부족한 경우
- 강점 능력 요소가 아닌 약점 요소가 많은 역할이 부여된 경우
- 가장 큰 이유 : 성과창출 위한 기획과 계획 두하우, 인과적 실행의지, 코칭 경험 부족으로 능력이 역량으로 발휘되지 않는 경우

Q. 소속 구성원의 능력과 역량 진단 방향은?

- 직책, 기능, 과제에 필요한 능력 보유 및 역량 발휘 수준 진단
- 정해진 기간 내에 핵심과제를 잘 선정하는 역량
- 성과목표의 세부구성요소를 상태적 목표로 표현하는 역량
- 고정변수와 변동변수 공략방법 및 예상 리스크 대응 방안 수립 역량
- 기간별로 캐스케이딩해 롤링플랜을 실행하고 협업하는 역량
- 성과 분석을 통해 개선과제 및 만회 대책을 수립하는 역량

성과, 역량과 능력과의 관계

성과(Performance)

역량
(Compe-
tency)

- 수요자가 '원하는 결과물 (성과목표)'을 달성하기 위한 실행력
- Do-How
- 전략적 역할행동 기준
- 성과창출, 책임완수를 위한 행동요건
- 성과창출의 충분조건 (기획, 계획, 캐스케이딩 & 협업, 성과평가 & 피드백)

역량 (Competency)

능력 (Capability)

태도 (Attitude)

가치관 (Mission, Vision)

능력
(Capability)

- '업무(실행과제)'를 실행 하기 위한 지식과 스킬과 경험의 총합
- Know-How
- 경력, 학력, 교육, 어학 등
- 역할수행 위한 자격요건 (지식, 스킬, 경험, 자질)
- 성과창출의 필요조건

역할	OOOO년도 수행할 과제	능력	자격 요건	To-be (갖추어야 할 것)	As-is (갖추고 있는 것)	부족한 것	OOOO년도 개발목표
	올해 수행해야 할 과제들을 일련번호를 붙여 차례차례 적는다. 선행과제, 당기과제, 개선과제로 분류하느데 당기과제에 상대적으로 큰 비중을 두는 것이 좋다.		지식	과제를 실행하는 데 필요한 지식을 적는다. 지식은 '알아야 하는 것'이다.	갖추어야 할 것 중에서 갖추고 있다고 생각하는 것을 적는다. * 리더 및 선임 팀원의 피드백, 테스트나 평가 결과도 참조	갖추어야 할 것 중에서 부족하다고 생각하는 것을 적는다. * 리더 및 선임 팀원의 피드백, 테스트나 평가 결과도 참조	부족한 것 중에서 집중해서 개발해야 할 지식을 적고 목표와 방법을 적는다. * 사내외 교육 이수, OJT, 코칭, 독서 학습 등
			스킬	과제를 실행하는 데 필요한 스킬을 적는다. 스킬은 '할 수 있어야 하는 것'이다.	갖추어야 할 것 중에서 갖추고 있다고 생각하는 것을 적는다. * 리더 및 선임 팀원의 피드백, 테스트나 평가 결과도 참조	갖추어야 할 것 중에서 부족하다고 생각하는 것을 적는다. * 리더 및 선임 팀원의 피드백, 테스트나 평가 결과도 참조	부족한 것 중에서 집중해서 개발해야 할 스킬을 적고 목표와 방법을 적는다. * 사내외 교육 이수, OJT, 코칭, 독서 학습 등

능력 진단표 : 작성 샘플 (OOOO년도)

자격 요건		To – be (갖추어야 할 것)	As – is (갖추고 있는 것)	부족한 것	OOOO년 개발목표
능력	지식	① PXR 성과관리 방법론 및 전문가를 위한 지식 고도화 ② PXR 성과코칭 방법론 고도화를 위한 지식 ③ 미래사업개발 관련 실전적 지식 고도화 ④ 역량 평가 및 교육 지식의 체계화 및 정리	① 성과관리 방법론 / 실무 – 조직 BSC / KPI 방법론 – 개인 MBO ② 성과코칭 방법론 – PXR모델, TRAC모델 ③ 전략 수립과 실행 방법론 / 실무 ④ 조직평가, 개인평가 방법론 / 실무	① PXR 성과관리 및 성과코칭의 다양한 실전 ② 미래사업 개발 및 역량평가, 교육 관련 다양한 실전 지식	① 성과코치아카데미 교재 개발, 적용 ② PXR 필드북 출간 ③ 미래사업 개발 전문서적 섭렵 (10권) ④ 역량평가 / 개발 전문 서적 섭렵 / 출간
	스킬	① 계층별 성과코칭 : 분야별 임원 / 경영진 코칭 스킬 / 경험 다양화 ② 업종별 성과코칭 : B2C 제조업, 스타트업, 서비스업, 공공부문 경험 / 스킬 다양화 ③ 미래사업 개발 관련 실전적 스킬 고도화	① 비즈니스 코칭 스킬 – 인증 코치(KAC) – Biz. 코치(CMOE) ② 업종별 성과코칭 : 제조업, 철강, 패널, 공공기관(과학기술) ③ 직무별 성과코칭 : 기획, 마케팅, 생산, 영업, R&D, CS 등 직무 분야 전반 ④ 계층별 성과코칭 : 팀장, 파트장, 팀원	① PXR 강의와 워크숍 경험 / 스킬 고도화 ② PXR 성과코칭 스킬화 ③ 미래사업 개발 적용 스킬 고도화	① PME, PMP 자격 취득 ② 성과코치 Facilitator 활동 본격 개시 ③ 성과코칭 스킬 활동 다양화 : 10곳 이상 레퍼런스 경험 : 임원 코칭 1곳, 업종 2곳 이상 레퍼런스 경험 ④ 미래사업 개발 : 3곳 이상 레퍼런스 경험 ⑤ 역량평가 / 개발 적용 : 1곳 이상 확대

OOOO년에 수행할 과제

역할

1. PXR방법론 정립 및 전문가 양성
   - 성과코치아카데미 교재 공동집필 적용
   - 성과코치 아카데미 1기 Co-FT 참여
   - 성과관리 필드북 공동 집필 및 출간

2. 성과관리, 성과코칭 적용과 확산
   - 기업/기관 적용
   - 협회 운영위원회 참여와 기여

3. 미래사업 개발 및 역량평가 및 교육 적용과 확산
   - 미래사업 개발 아카데미 FT 수행
   - 리더십 시뮬레이션 트레이닝 프로그램 개발 및 FT 수행

공통 역량 진단표 : 작성 가이드

역량 발휘 기준		To-be (발휘해야 할 기준)	As-is (행동으로 발휘하고 있는 것)	부족한 것	OOOO년 훈련 목표
역량	기획	핵심과제 도출 수요자가 원하는 목표설정 성과창출전략 수립 리스크 대응 방안 수립 자원 산정	실제 행동으로 발휘하고 있는 사항을 구체적으로 기술	발휘해야 할 기준 대비 실제 발휘하는 행동 간 Gap을 구체적으로 기술	습득할 사항과 강화 / 보완할 사항으로 구분해서 제시
	계획	일정별 실행과제 추진일정	실제 행동으로 발휘하고 있는 사항을 구체적으로 기술	발휘해야 할 기준 대비 실제 발휘하는 행동 간 Gap을 구체적으로 기술	습득할 사항과 강화 / 보완할 사항으로 구분해서 제시
	실행 (캐스케이딩 &협업)	월간 목표와 전략 주간목표와 전략 일일목표와 리뷰 수직적 협업 수평적 협업	실제 행동으로 발휘하고 있는 사항을 구체적으로 기술	발휘해야 할 기준 대비 실제 발휘하는 행동 간 Gap을 구체적으로 기술	습득할 사항과 강화 / 보완할 사항으로 구분해서 제시
	성과평가	성과평가 전략평가 프로세스평가	실제 행동으로 발휘하고 있는 사항을 구체적으로 기술	발휘해야 할 기준 대비 실제 발휘하는 행동 간 Gap을 구체적으로 기술	습득할 사항과 강화 / 보완할 사항으로 구분해서 제시
	피드백	개선과제 도출 만회 대책 수립	실제 행동으로 발휘하고 있는 사항을 구체적으로 기술	발휘해야 할 기준 대비 실제 발휘하는 행동 간 Gap을 구체적으로 기술	습득할 사항과 강화 / 보완할 사항으로 구분해서 제시

리더 매니지먼트 역량 진단표 : 작성 가이드

리더의 관리 역할과 OOOO년 성과목표	리더십 매니지먼트 역량항목		To-be (발휘해야 할 행동 기준)	As-is (발휘하고 있는 것)	부족한 것	OOOO년 리더 역량개발 목표 및 방법
1. 리더의 관리 역할	① 비전 제시		• 1년 후의 구성원에게 바라는 성장 모습 제시 • 조직의 현재 수준에 대한 파악 • 1년 후, 3년 후 조직의 미래모습 제시 • 조직의 현재 수준과 미래모습의 Gap을 제시하고 전략과제와 방법 제시	실제 행동으로 발휘하고 있는 사항을 구체적으로 기술	발휘해야 할 기준 대비 실제 발휘하는 행동 간 Gap을 구체적으로 기술	습득할 사항과 강화 / 보완할 사항으로 구분해서 제시
	② 성과코칭		• Plan 단계 - 성과목표와 달성전략에 대한 코칭 • Do 단계 - 분기, 월간, 주간, 일일 성과목표 Cascading 방법에 대한 코칭 • See 단계 - 성과리뷰와 피드백에 대한 코칭	실제 행동으로 발휘하고 있는 사항을 구체적으로 기술	발휘해야 할 기준 대비 실제 발휘하는 행동 간 Gap을 구체적으로 기술	습득할 사항과 강화 / 보완할 사항으로 구분해서 제시
	③ 권한 위임	임파워먼트 (Empower-ment)	• 역할 위임 - 구성원의 능력과 역량에 따라 역할 부여 - 주기적으로 역할수행 관찰 및 기록	실제 행동으로 발휘하고 있는 사항을 구체적으로 기술	발휘해야 할 기준 대비 실제 발휘하는 행동 간 Gap을 구체적으로 기술	습득할 사항과 강화 / 보완할 사항으로 구분해서 제시
		델리게이션 (Delegation)	• 책임 위임 - 리더가 기대하는 성과목표를 구성원들에게 명확하게 제시 - 성과목표 달성을 위한 전략과 방법을 사전에 협의하고 교정하고 실행과정을 위함 - 실행에 관한 의사결정 권한을 구성원에게 위임 - 실행과정 중 주기적 모니터링, 예상리스크 요인 선제 조치 및 필요시엔 조합	실제 행동으로 발휘하고 있는 사항을 구체적으로 기술	발휘해야 할 기준 대비 실제 발휘하는 행동 간 Gap을 구체적으로 기술	습득할 사항과 강화 / 보완할 사항으로 구분해서 제시
2. OOOO년 성과목표	④ 성과평가		• 성과평가 1) 결과물 리뷰 : 원하는 결과물(목표)과 실제 결과물 차이 분석 2) 납기 리뷰 : 예상 납기와 실제 납기 차이 분석 3) 소요시간 리뷰 : 예상 소요시간과 실제 소요시간 차이 분석 • 전략평가 1) 계획한 전략 & 방법과 실행된 전략 & 방법 간 차이 분석 2) 실제로 수립했던 전략이 성과목표 달성에 영향을 주었는지 등이 인과관계 여부를 규명	실제 행동으로 발휘하고 있는 사항을 구체적으로 기술	발휘해야 할 기준 대비 실제 발휘하는 행동 간 Gap을 구체적으로 기술	습득할 사항과 강화 / 보완할 사항으로 구분해서 제시
	⑤ 연담 피드백		• 객관적 사실 중심 • 프로세스 중심 • 피드백 대상자 중심 • 월 1회 이상 정기적으로	실제 행동으로 발휘하고 있는 사항을 구체적으로 기술	발휘해야 할 기준 대비 실제 발휘하는 행동 간 Gap을 구체적으로 기술	습득할 사항과 강화 / 보완할 사항으로 구분해서 제시

역량 진단표 : 작성 샘플(OOOO년도)

역량 발휘 기준		To – be (발휘해야 할 행동 기준)	As – is (행동으로 발휘하고 있는 것)	부족한 것	OOOO년 훈련목표
역량	기획	• 전략과제 도출 • 수요자가 원하는 목표설정 • 달성전략 수립 • 리스크 대응 방안 수립 • 소요자원 선정	• 전략과제 수립, 고객 소통 및 목표설정, 달성전략 수립, 리스크 대응 방안 수립, 소요자원 선정 등을 강의 / 교정 / 어드바이저리 분야에서 실전하고 있음 • PXR 성과관리 방법론이 기획 요소를 업무 전반에 적용	• 주요 Gap : 달성전략 수립 시 고정변수 대비 변동변수 파악 두하우 : 리스크대응 방안 수립 시 내부 대비 외부 리스크 요소 파악의 두하우	• 습득 사항 : 어드바이저리 프로젝트 수행 시 달성전략과 리스크 대응 방안 수립 역량 제고 • 강화 / 보완사항 : 강의 / 워크숍수행 관련 외부환경리스크 대응 역량
	계획	• 일정별 실행과제 추진일정	• 과제를 수주하여 수행방안을 기획한 내용을 일정 계획의 인과적 / 역대적으로 반영하기	• 주요 Gap : 과제 수주 상황에 따라 일정 변동 사항이 많은 때, 이에 대한 대응력 (두하우) 제고 필요	• 습득 사항 : 과제 유형별 일정계획 운영 차별화 • 강화 / 보완사항 : 과제 간 일정계획 연계 관리
	실행 (개스 케이딩 & 협업)	• 월간목표와 전략 • 주간목표와 전략 • 일일목표 • 수직적 협업 • 수평적 협업	• 사업자 업무 특성에 맞는 기간별(연간 - 월 - 주 - 일일) 이웃풋 관리 계획 적용 및 실천 • 수직적 협업(고객 협업) 및 수평적 협업(동료 협업)의 원칙과 방법의 인과적 적용	• 주요 Gap : 사업자료서 수주 타기팅 및 영업 활동과 연계된 개스케이딩 두하우, 수직적 (고객) 협업 두하우	• 습득 사항 : 기수주사항과 수주 추진 사항 연계한 개스케이딩 (Rolling) 두하우 • 강화 / 보완사항 : 기간별 이웃풋 연계 관리
	성과평가	• 성과평가 • 과정평가	• 단위 업무 종료 시마다 과정성과 평가해 셀프 피드백 연계	• 주요 Gap : 과제종료 시 성과평가 누락하는 경우 종종 있고, 전략평가 측면 보완 필요	• 습득사항 : 과제 단위 전략평가 • 강화 / 보완사항 : 과제 단위 최종성과평가
	피드백	• 개선과제 도출 • 만회 대책 수립	• 과제 수행 과정에서 과정적으로 개선과제 및 개선방안 수립해 적용	• 주요 Gap : 과제 단위 개선사항 파악 생략하는 경향 (복기 습관)	• 습득사항 : 과제 단위 개선과제 도출 • 강화 / 보완사항 : 과제 단위 만회 대책 수립

[연습]

능력과 역량에 관한 설명 내용을 채워 보세요.

① 반복적, 지속적으로 성과를 낼 수 있는 힘이 [|] 이다.

② [|] 은 역할의 자격요건, [|] 은 책임완수의 행동요건

③ 직장인이 실제로 평가받고 보상받는 것은 [|] 이다.

④ [|] 이 Know-How라면, [|] 은 Do-How에 해당한다.

⑤ 직무수행 경험, 지식, 스킬, 자질의 합이 [|] 이다.

⑥ 성과창출의 충분조건은 [|] 이고, 필요조건은 [|] 이다.

⑦ 역량은 [| |] 프로세스 단계별로 진단하고 개발해야 한다.

⑧ '할 수 있는 힘의 용량' 또는 '감당할 수 있는 힘'이 [|] 이다.

[해답]

① 반복적, 지속적으로 성과를 낼 수 있는 힘이 | 역 | 량 | 이다.

② | 능 | 력 | 은 역할의 자격요건, | 역 | 량 | 은 책임완수의 행동요건

③ 직장인이 실제로 평가받고 보상받는 것은 | 역 | 량 | 이다.

④ | 능 | 력 | 이 Know-How라면, | 역 | 량 | 은 Do-How에 해당한다.

⑤ 직무수행 경험, 지식, 스킬, 자질의 합이 | 능 | 력 | 이다.

⑥ 성과창출의 충분조건은 | 역 | 량 | 이고, 필요조건은 | 능 | 력 | 이다.

⑦ 역량은 | 성 | 과 | 관 | 리 | 프로세스 단계별로 진단하고 개발해야 한다.

⑧ '할 수 있는 힘의 용량' 또는 '감당할 수 있는 힘'이 | 역 | 량 | 이다.

적용해 봅시다 : 코칭대상자용 기초 양식

상위리더에게 성과코칭을 의뢰할 내용을 미리 작성하고 실제 코칭받은 내용을 기록합니다.

코칭 주제	나의 기간별 성과기획서	'코칭받은' 내용

적용해 봅시다 : 성과코칭용 기초 양식

구성원이 의뢰한 코칭 내용에 대해 본인이 실제로 코칭해 준 내용의 요지를 기록해 봅니다.

코칭 주제	대상자의 기간별 성과기획서에 대해 '코칭해 준' 내용	
	성과관리 기준에 부합하는 점	개선 및 보완이 필요한 점

CHAPTER

4

PXR 성과관리
: 3사이클 5스텝
프로세스

PXR

Performance Management :

3-Cycle 5-Step Process

PXR이란 무엇인가?

PXR(Preview, causal eXecution, Review) 성과관리 방법론은,

성과목표 설정과 인과적 성과창출전략과 실행 프로세스가

기존의 성과관리방식과 달리, 반드시 성과를 창출하게 하는 방법이다.

경영관리 프로세스의 고전은 PDS(Plan, Do, See) 프로세스이다.

그런데 최근에 시장의 헤게모니를

공급자인 기업이 아니라 수요자인 고객이 더욱 강력하게 쥐게 되면서

경영관리방법이 근본적으로 혁신되어야 하는 현실에 직면하게 되었다.

지금까지 기업의 경영관리방법은 상대적으로 내부적 시각에 무게중심을 두었다.

이제는 일을 시작하고 마칠 때 고객의 관점에서 경영하지 않으면 안 된다.

그래서 Plan 단계를 Preview 단계로 명칭을 바꾸어

기획(Planning)의 중요성을 추가하였고,

Do 단계를 막연하게 '실행이 중요하다'는 의미가 아니라

인과적 실행이 반드시 필요함을 명확히 하고,

인과적 실행의 근간인 캐스케이딩과 협업에 관한 구체적인 방법을 제시하여,

명칭도 causal eXecution으로 바꾸었다.

See 단계는 단순히 결과평가와 피드백이 아니라

성과에 관한 과정 분석과 성과평가를 통해 개선과제와 만회 대책을 수립하도록,

피드백하고 육성하는 관점을 포함하였고 명칭도 Review로 바꾸었다.

그래서 기존의 PDS 프로세스를 시대적 요청에 맞게

'PXR 성과관리 프로세스'로 재정립한 것이다.

PXR 성과관리 프로세스 : 인트로(Intro)

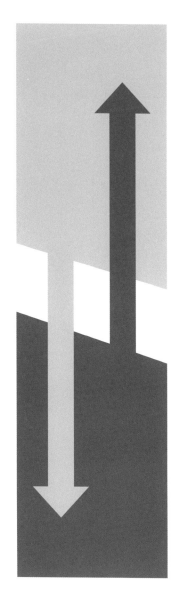

Q. 업무가 계획대로 진행되지 않는 이유는?

- 일정별로 할 일(To-Do list)을 나열하여 추진하기 때문
- 일을 수행하는 전략과 방법이 구체적이지 않고 경영진이나 상위리더의 방침, 코멘트 (말씀)에 의존하기 때문
- 수치로 목표치를 제시할 뿐 이루어진 상태가 모호하기 때문

Q. 성과를 기획하고 인과적으로 실행한다는 의미는?

- 수요자가 원하는 결과물이 이루어진 상태를 설정하고,
- 기간별로 과제와 소요자원(시간, 인력, 재원, 설비 등)을 결정하며,
- 목표달성을 위한 타깃별 전략, 내외부 리스크(장애요인)에 대한 대응책과 플랜B(시나리오)를 마련하며,
- 일을 하는 것

지금까지 우리가 실제로 일하고 있는 방식

주요업무 (과제)	Action Plan (세부추진계획)	일정	예상결과치 (목표)	비고

이 방식의 특징은 무엇인가?

· 할 일(주요업무)이 주어지고 …

· 주어진 일에 대해 계획부터 세우고 …

· 일단 일정부터 짜 두고 …

· 예상되는 결과치를 판단해 목표라고 제시하는 방식!

앞으로 우리가 개선하고 혁신해야 할 일하는 방식

핵심과제	기대하는 결과물 (상태적 목표)	마감기한 (D/L)	예상 소요 시간(H)	인과적 성과창출전략		Action Plan (실행 계획)	일정
				고정변수	변동변수		

이 방식의 특징은 무엇인가?

· 고객이 기대하는 결과물의 세부내역부터 따져 보고 …

· 고객에게 제공할 마감기한에 맞추기 위한 소요시간을 예상하고 …

· 목표달성을 위한 고정변수와 변동변수를 구별해 대응하고 …

· 이런 검토 사항들을 종합해 실행계획과 일정을 제시하는 방식!

일하는 방식을 어떻게 혁신해야 하는가?

1. Task Management, Result Management

주요업무 (과제)	Action Plan (세부추진계획)	일정	예상결과치 (목표)	비고

2. Performance Management

핵심과제	기대하는 결과물 (상태적 목표)	마감기한 (D/L)	예상 소요 시간(H)	인과적 성과창출전략		Action Plan (실행 계획)	일정
				고정변수	변동변수		

PXR 성과관리 프로세스 : 3-Cycle 5-Step

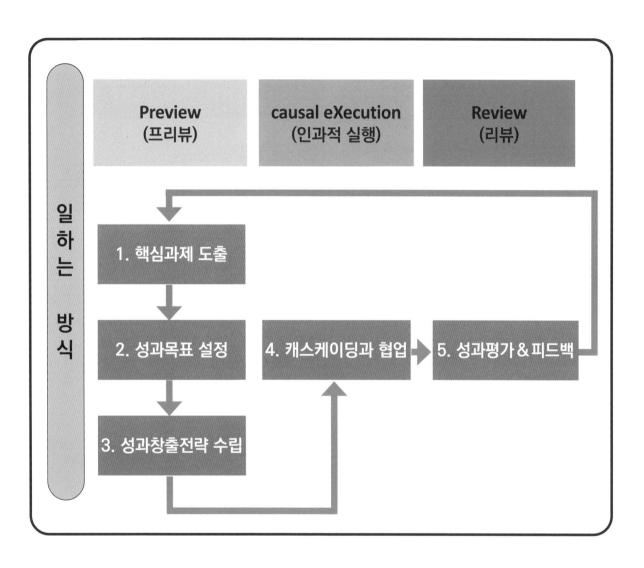

PXR의 특징 ① 성과를 기획하고 인과적으로 실행

조직에서 정한 업무를 계획, 실행 →

실행자가 기간별로 성과목표와 실행을 기획, 코칭, 합의

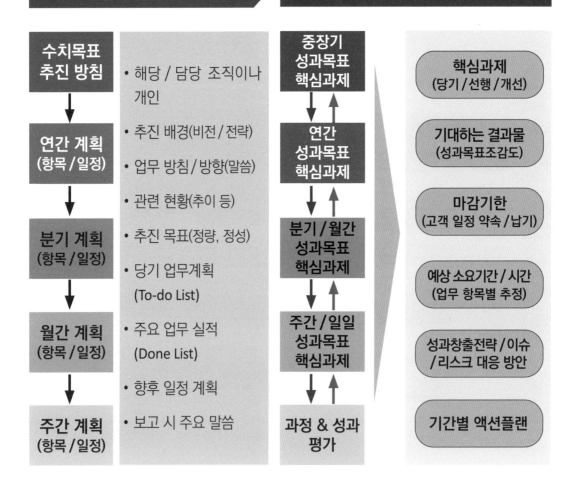

업무계획, 절차적 실행	성과기획, 인과적 실행

업무계획, 절차적 실행

수치목표 추진 방침
↓
연간 계획 (항목 / 일정)
↓
분기 계획 (항목 / 일정)
↓
월간 계획 (항목 / 일정)
↓
주간 계획 (항목 / 일정)

• 해당 / 담당 조직이나 개인
• 추진 배경(비전 / 전략)
• 업무 방침 / 방향(말씀)
• 관련 현황(추이 등)
• 추진 목표(정량, 정성)
• 당기 업무계획 (To-do List)
• 주요 업무 실적 (Done List)
• 향후 일정 계획
• 보고 시 주요 말씀

성과기획, 인과적 실행

중장기 성과목표 핵심과제
↓↑
연간 성과목표 핵심과제
↓↑
분기 / 월간 성과목표 핵심과제
↓↑
주간 / 일일 성과목표 핵심과제
↓↑
과정 & 성과 평가

핵심과제 (당기 / 선행 / 개선)

기대하는 결과물 (성과목표조감도)

마감기한 (고객 일정 약속 / 납기)

예상 소요기간 / 시간 (업무 항목별 추정)

성과창출전략 / 이슈 / 리스크 대응 방안

기간별 액션플랜

PXR의 특징 ② 연중 상시로 진행되는 리얼타임 성과관리

PXR 성과관리는 단계적 진행을 전제로 하지만, 각 단계 모두가 업무나 과제 종료 때까지 상호 영향을 주면서 지속적으로 리얼타임으로 롤링(Rolling)해 가는 것이다. 이 과정에서 성과코칭도 연중 상시로 이루어지게 된다.

핵심과제 선정

직책, 기능, 기간별 과제

• 선행과제
• 당기과제
• 개선과제

성과목표 설정

과제수행을 통한 기대결과물

• 성과목표화
• 세부구성요소
• 상태적 목표
• 성과목표조감도

성과창출전략

인과적 성과창출전략

• 고정변수
• 변동변수
• 타깃별 공략 방법
• 예상리스크 요인 대응 방안

캐스케이딩 / 협업

기간별 아웃풋 관리

• 원하는 결과물
• 소요 / 완료일정
• 기간별 방안
• 롤링 플랜
• 수직적 협업
• 수평적 협업

성과평가 / 피드백

성과목표 vs. 실제 결과물

• 목표 / 성과 분석
• Gap 원인 파악
• 개선과제 도출
• 만회 대책 수립

성과코칭(생각 – 경독청 – 질문 – 검증)

PXR은 '3-Cycle 5-Step' 프로세스

PXR 성과관리방법론은,

6시그마와 같은 단계적(Step by Step)방법론이 아니라

순환적(Cycling Steps) 방법론이다.

1단계는 1~5단계 끝까지,

2단계는 2~5단계까지,

3단계는 3~5단계까지,

4단계는 4~5단계까지,

5단계는 당기 5단계에서 차기 핵심과제 도출(1단계)까지

직접적으로 영향을 주게 된다.

PXR의 특징 ③ 피드백과 피드포워드의 연계 순환

전기 과제의 피드백(성과기획 → 인과적 실행 → 성과 리뷰)이
차기 과제를 피드포워드한다.

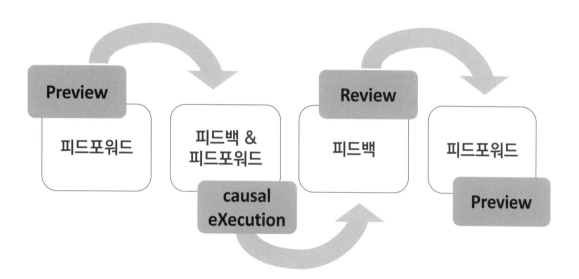

시작하기 전에…	실행 기간별로…	일이 끝난 후…	다음 시작 전에…
• 상태적 목표 • 성과창출전략 • 예상되는 리스크 　와 대응 방안	• 기간별 목표 대비 　실제 성과 Gap • Gap 발생 원인 • 개선과제 • 만회 대책	• Gap 원인 분석 • 실행과정평가 • 최종성과평가 • 만회 대책	• 직전 과제와 　연동된 경우 • 직전 과제와 　연계성 없는 　별도 과제인 경우

CHAPTER
4-1
프리뷰 사이클
Preview cycle

[STEP 1] 핵심과제 도출

핵심과제

: 가장 우선적 업무나 과업, 가장 중요한 역할, '직무'명이나 '활동'이 아닌 '과제'

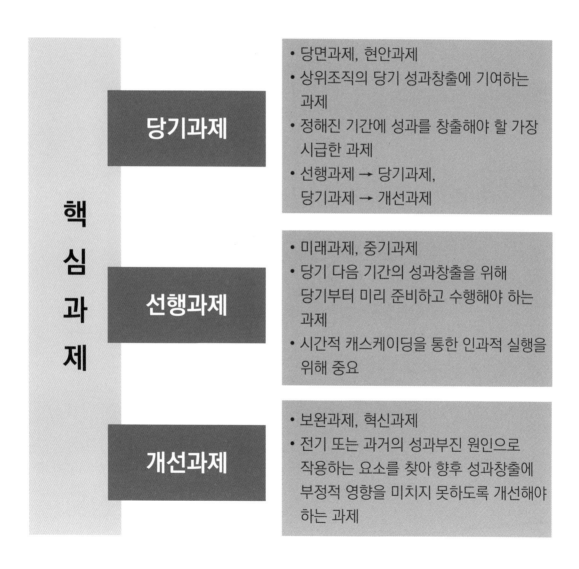

과제 유형별 도출 항목

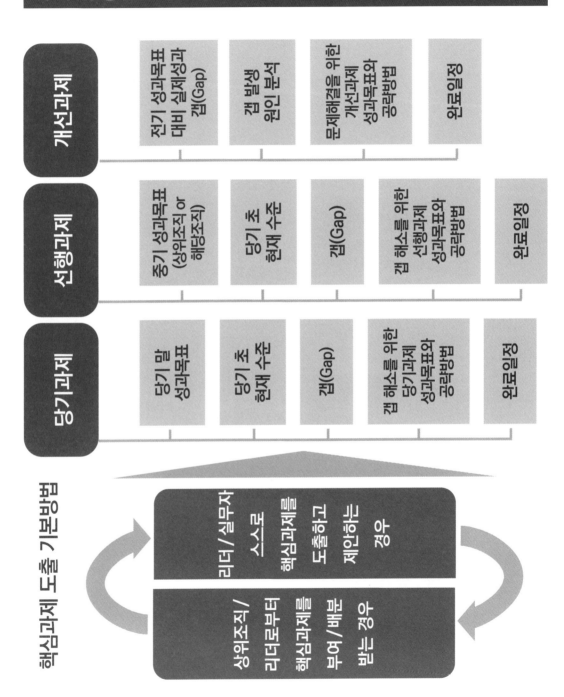

개선과제
- 전기 성과목표 대비 실제성과 갭(Gap)
- 갭 발생 원인 분석
- 문제해결을 위한 개선과제 성과목표와 공략방법
- 완료일정

선행과제
- 중기 성과목표 (상위조직 or 해당조직)
- 당기 초 현재 수준
- 갭(Gap)
- 갭 해소를 위한 선행과제 성과목표와 공략방법
- 완료일정

당기과제
- 당기 말 성과목표
- 당기 초 현재 수준
- 갭(Gap)
- 갭 해소를 위한 당기과제 성과목표와 공략방법
- 완료일정

핵심과제 도출 기본방법

- 리더/실무자 스스로 핵심과제를 도출하고 제안하는 경우
- 상위조직/리더로부터 핵심과제를 부여/배분 받는 경우

선행과제

항목	세부내용
중기 성과 목표	• 대상자가 소속된 조직의 상위조직이나 해당조직의 중기목표를 구체적으로 작성
당기초 현재 수준	• 중기목표나 중기과제의 현재 수치 수준이나 과제의 현재 상황을 가급적 객관적인 데이터나 사실중심 작성
갭 (Gap)	• 차이가 나는 내용을 수치나 항목을 중심으로 명시
선행과제 성과목표 공략방법	• 차이를 메우기 위해 당해 기간에 선행적으로 미리 실행해야 할 과제의 내용과 수행 방향을 기술
완료 일정	• 과제의 당해기간 중 완료일 • 마감일(납기)만 명시하는 것이 아니라 구체적으로 완료해야 할 일정을 세운다.

당기과제

항목	세부내용
당기 말 성과 목표	• 상위리더와 합의한 당해 기간 말에 책임져야 할 목표나 과제를 나열
당기초 현재 수준	• 현재 상태, 현재 수준을 계량적인 데이터로 활용, 정리 • 목표와 관련한 상위리더나 관련 부서의 요구사항을 기재
갭 (Gap)	• 성과목표와 현재 수준의 차이, 차이 나는 내용을 명시
당기과제 성과목표 공략방법	• 차이를 메우기 위해 당해기간에 중점적으로 실행해야 할 과제의 내용과 수행 방향을 기술
완료 일정	• 과제의 당해기간 중 완료 일정 • 마감일(납기)만 명시하는 것이 아니라 구체적으로 완료해야 할 일정을 세운다.

개선과제

항목	세부내용
전기목표 대비 성과 갭	• 대상자의 전년도 성과목표 대비 실제 성과를 분석해 보고 차이가 나는 부분이 어느 정도인지 비교하여 나열
갭 발생 원인 분석	• 차이가 나는 원인을 분석하여 적는다. 이때 외부환경이나 구조적인 요인보다는 공정대상자의 노력이나 역량, 업무 프로세스와 관련된 원인을 찾음
개선과제 성과목표 공략방법	• 원인이 재발되지 않게 개선하려면 당기에 개선해야 할 과제의 내용과 방향을 기술
완료 일정	• 과제의 당해기간 중 완료일정 • 마감일(납기)만 명시하는 것이 아니라 구체적으로 완료해야 할 일정을 세움.

예시 ① 당기과제

항목	세부내용 : 서비스팀 작성(예시적)
당해년도 말 성과목표	• 최종 고객 품질 수준(불량률) 20% 개선 - 담당 제품 중 품질 Top 1~3 모델에 대해 공정별 불량 요인과 유동 중 불량 요인 제거, 제조품질 개선 활동을 통해 기존 대비 품질 수준 지표를 평균 20% 이상 개선
당해년도 초 현재 수준	• 최종 고객 품질 수준 추이 및 현수준

불량률	제품A	제품B	제품C
Y-2년말	0.50%	0.25%	0.15%
Y-1년말	0.45%	0.30%	0.25%
Y 목표	0.35%	0.20%	0.20%

항목	세부내용 : 서비스팀 작성(예시적)
갭(Gap)	• 제품A는 개선 추세이나 경쟁사 대비 미흡 • 제품B, 제품C의 경우 경쟁업계 평균 수준인 0.30% 이하로 안정화되고 있지만 업계 1위 수준 견지 위해 0.20% 이하로 유지 필요
갭 해소를 위한 당기과제 성과목표와 달성방법	• 고객별로 납품 시에 동일한 품질 기준 적용한 불량률을 산정하므로 고객별 대응책 마련 • 제료구매 – 공정제조 – 물류에 이르는 세부 요소별 품질 강화 및 불량 방지 방안 실행
완료일정	• 고객별/제품별 품질 영향요인 분석 : ~3월 • 고객별/제품별 개선책 시범 적용 : 4~5월 • 최종 납품 품질 조사 및 목표달성 : 6~12월

항목	세부내용
당기 말 성과목표	• 상위리더와 합의한 당해 기간 말에 책임자가 해야 할 목표나 과제를 나열한다.
당기 초 현재 수준	• 목표로 입력한 수치목표나 과제의 현재 상태, 현재 수준을 객관적인 데이터를 활용하여 정리한다. • 목표와 관련한 상위리더나 관련 부서의 요구사항이 있으면 기재한다. • 영업이나 생산업무와 같이 연속되는 업무의 경우, 현재 수준은 전년 말 수준이 된다. • 가급적 구체적인 세부내역이 드러나도록 적는다.
갭(Gap)	• 성과목표와 현재 수준의 차이, 차이 나는 내용을 적는다.
갭 해소를 위한 당기과제 성과목표와 달성방법	• 차이와 차이 나는 내용을 과제화하며 적는다.
완료일정	• 목표가 정해진 당해기간 내에 달성되려면 언제까지 완료되어야 하는지 적는다. • 마감일(납기)만 명시하는 것이 아니라 구체적으로 완료해야 할 일정을 세운다.

항목	세부내용 : 혁신팀 작성(예시적)
중기 성과목표 (소속, 본부, 팀 관련)	• 고객가치혁신 3단계 중기 로드맵 선행 대응 　- 1단계(전년) : Pain Point 파악, 해소 　- 2단계(금년) : Value Point 파악, 보완 　- 3단계(내년) : 미래선도 고객가치 창출 • 주력제품군 고객경험지수(CEI) 추이 및 목표
당해년도 초 현재 수준	<table><tr><td>고객경험</td><td>검토</td><td>탐색</td><td>시도</td><td>구매</td><td>사용</td><td>A/S</td><td>…</td></tr><tr><td>Y-1년말</td><td>6.5</td><td>7.2</td><td>8.1</td><td>6.5</td><td>8.8</td><td>8.5</td><td>…</td></tr><tr><td>Y목표</td><td>8.0</td><td>8.0</td><td>8.5</td><td>8.0</td><td>9.0</td><td>9.0</td><td>…</td></tr><tr><td>Y+1 목표</td><td>9.0</td><td>9.0</td><td>9.5</td><td>9.5</td><td>9.5</td><td>9.5</td><td>…</td></tr></table>• 검토단계 : 고정된 제품사양설명서만 배포 • 탐색단계 : 영업팀, 매대점 외 문의창구 • 시도단계 : 샘플 구매시 사후관리 미흡 • 구매단계 : 연단위 구매조건 外 옵션 다양화
갭(Gap)	
갭 해소 위한 선행과제 성과목표와 달성방법	• [Task1] CEI 프로세스 재설계 컨설팅 의뢰 • [Task2] 고객편의 정보, 디지털 Interface 설계 • [Task3] One-Stop CEI* Dashboard 파일럿 　　　　　　* CEI: Customer Experience Index
완료일정	• 1분기 중 CEO 3단계 준비반 구성 Kick-Off • 2~3분기 : [Task1 ~ 3] 월단위 케스케이딩 • 4분기 : 적용 완료(~10월), 성과분석(11월)

항목	세부내용
중기 성과목표 (상위조직 or 해당조직)	• 대상자가 소속된 조직의 상위조직이나 해당조직의 중기목표를 구체적으로 적는다
당기 초 현재 수준	• 중기목표나 중기과제의 현재 수치수준이나 과제의 현재 상황을 가급적 객관적인 데이터나 사실중심으로 기술한다.
갭(Gap)	• 차이가 나는 내용을 수치나 항목을 중심으로 적는다.
갭 해소 위한 선행과제 성과목표와 달성방법	• 차이를 메우기 위해 당해 기간에 선행적으로 미리 실행해야 할 과제를 선택하여 적는다.
완료일정	• 과제의 당해기간 중 완료일정을 적는다. • 마감일(납기)만 명시하는 것이 아니라 구체적으로 완료해야 할 일정을 세운다.

인사팀 작성(예시적)

항목	세부내용 : 인사팀 작성(예시적)
전년 성과목표 대비 실제성과 갭(Gap)	• 경력사원 신규입사자 정착율 제고 - 입사 3년 이내 퇴사율(turnover) 5% 목표 - 전년도 실제 퇴사율 : 11.2% - 금년도 목표 : 8.0% 이하 표 참조
갭(Gap)	• 금년 1~2월 온보딩 Task Force 분석 결과임 - 분석 방법 : 퇴직 사유서, 최근 퇴직자 면담, 재직자 익명 설문 / FGI 비교, 상위리더 면담 • 탈 원인 규명 결과(높은 원인 순서) - (1위) 급여 / 처우 : Profit Sharing 차등복 - (2위) 일하는 문화 : 보고 / 회의, 경직된 상하 - (3위) 육성 / 복지 : 부서 / 근무지 고정, 워라밸
갭 해소를 위한 선행과제 성과목표와 달성방법	• 온보딩 T.F가 제안한 10대 개선 소과제의 내외부 • 전문가 정밀 검토 후 성과목표와 달성방법 수립 • 근무 분야별 경력사원 신총 의견 수렴, 보완 • 노사협의회, 직원설명회, 동의투표 시행
완료일정	• (3월1일 ~ 6월30일) : 전문가 검토 및 시행안 • (7월1일 ~ 8월30일) : 의견수렴 완료 및 시행 • (9월1일 ~ 12월30일) : 사안별 적용 및 성과 분석

퇴사율	기획	재무	인사	영업	생산	R&D	...
Y-2	7.2	8.8	2.6	7.5	8.8	12.5	...
Y-1	8.0	5.0	3.0	9.9	11.3	13.1	...
Y 목표	5.0	5.0	3.0	6.0	7.0	8.0	...

항목	세부내용
전기 성과목표 대비 실제성과 갭(Gap)	• 대상자의 전년도 성과목표 대비 실제 성과를 분석해 보고 차이가 나는 부분이 어느 정도인지 비교하여 나열한다.
갭 발생 원인 분석	• 차이가 나는 원인을 분석하여 적는다. • 이때 외부환경이나 구조적인 요인보다는 고칭대상자의 능력이나 역량, 업무 프로세스와 관련된 원인을 찾도록 한다.
개선과제 성과목표와 달성방법	• 원인이 재발되지 않게 하려면 당기에 개선해야 할 과제와 성과목표와 달성방법을 적는다.
완료일정	• 과제수행을 완료해야 할 일정을 적는다. • 막연하게 마감일(날기)만 명시하기보다 구체적으로 완료해야 할 일정을 적는다.

당기과제, 선행과제, 개선과제의 도출 기준에 따라 본인의 핵심과제를 도출해 보세요. 반드시 제공된 양식과 기준에 따라 본인 스스로 작성해 본 후 제공된 '샘플'을 참고해 보시기 바랍니다.

핵심과제	주요 내용 요약

중기 성과목표	현재 수준	갭(Gap)	갭(Gap)을 메우기 위한 금년도 선행과제	마감기한
1. 성과관리어 성과코칭 분야에서 대표적인 리더, 전문가, 집필가로 활약하기 : 전문서적 3권, 핵심고객 20개	1-1. 성과관리 컨설팅 서비스 론칭 및 확대 (2021.1월~) 1-2. 성과코칭협회 사업기획화 추진 참여 (2021.10월~) 및 성과코칭 임상 1-3. 성과코칭 교재 수행 (2022. 4월~)	1-1. 성과코칭 협회 발전 기반 구축 1-2. 성과관리 실전 방법론 고도화 1-3. 성과코칭 워크숍, 코칭 경험 / 스킬 고도화	1-1. 성과코칭협회 가입 사업 구성안 수립 및 기반 정립 기획 및 추진 기여 1-2. 성과관리 필드북 집필 참여 / 출간 1-3. 성과코칭 / 성과강의 / 코칭 적용 활동 발굴 및 확대 : 당기 과제에 반영해 매년 수행할 사항	1-1. ~ 3월 가망사업계획 구성안 수립, 공유, ~ 12월 웰빙 운영위 운영 및 협력 활동 1-2. ~ 5월 성과코칭 아카데미 교재 공동집필 / Co-FT 수행, ~ 8월 성과관리 필드북 출간
2. 미래사업 개발 분야에서 국내 주요 FT, 자문가 및 저술가로 활약하기 : 전문서적 1권, 핵심고객 10개	2. 미래사업 개발 워크숍과 교재 제작 및 공지 초고 제출, FT 활동 본격 시작 (2022.12월~)	2. 미래사업 개발 워크숍 적용 확대 및 고도화, 다양화	2. 미래사업 개발 워크숍 론칭 및 레퍼런스 사이트 확장 : 당기 과제에 반영, 수행	▲ 상기 1-1. 1-2. 반영한 선행과제 수행
3. 역량평가 및 교육 방법론 정리 및 FT 및 Assessor및 저술가로 활약하는 한 해 되기 : 전문서적 2권, 핵심고객 10개	3. 역량 진단 개발 워크숍 교재 개발 및 적용 단계 (2021년~) 교육과정 실행 착수, 확대 중	3. 역량 진단 개발 방법론 제체화 및 4세서 활동 다양화 및	3. 역량 진단 개발방법론 단독 저서 집필 및 출간, 적용 과정 본격 론칭 및 확장 : 당기 과제에 반영, 수행	※ 1-3, 2, 3 : 당기과제 1, 2, 3에 반영

금년도 성과목표	금년도 현재 수준	갭(Gap)	갭(Gap) 해소 위한 당기과제	마감기한
1. 미래사업 개발 프로그램 론칭 및 전개 기반 구축 : 교육 고객 10개 사 월평균 30시간 이상	○ 미래사업개발 개발 1차 완료 및 적용 진행 중 - 매월 15시간 진행 중 - 교육고객 : 5개 사 확보 및 진행 중	예정 계획대로 순직 진행 중 : 교육고객 5개 사 추가 (매월 15시간 추가 수행)	[당기과제2] 미래사업개발 워크숍이 성공적 론칭 및 시장 확대 : 교육고객 총107개 사 : 교육시간 월 30시간	2 ~ 12월 * 계획적 대응 가능 루틴 확보 : 매월, 매주, 일일 기간별 아웃풋 관리 대응
2. 성과관리 / 성과코칭 방법론 적용 및 실천 분야 성장 : 교육 / 자문고객 10개 사, 코칭대상자 7명 * 진년도 : 7명	○ 성과코칭아카데미 교재 개발 및 Co-FT 수행교육 강의 성과 및 코칭성과 미흡 - 워크숍 교재17개 사 - 특강고객 17개 사 - 코칭대상 0명	계획 대비 미흡, 기획 확보 필요 : 교육고객 8개 사 추가 : 코칭대상자 7명 추가	[당기과제1] 성과관리 강의와 코칭 서비스 성장기반 구축 * 교육 / 자문고객 107개 사 * 코칭대상자 : 연 7명 * 인증성과코칭 활동	1 ~ 12월 * 인지도 강화 및 수시 의뢰 발생 단계이므로 분기 단위 아웃풋 관리 및 Rolling
3. 역량평가 및 교육방법론 정리, 자서 중간, 과정 운영 성장 : 교육고객 5개 사, 자문고객 2개 사, 전문서적 1권 발간	○ 협력 파트너십 구축(3곳) 통해 역활한 추진 전망 - 교육고객 2개 사, 자문고객 2개 사 - 전문서적 1권 기획 및 집필 중, 출판 진행 협의 완료	예정 계획대로 순직 진행 중 : 교육고객 3개 사, 전문서적 진탐, 편집, 발간 (하반기)	[당기과제3] 역량 평가 및 교육 서비스 라인 구축 및 운영 기반 확보 : 교육고객 5개 사, 자문고객 2개 사, 전문서적 1권 발간	3 ~ 12월 * 수시로 의뢰 발생 하므로 매월 기간별 아웃풋 관리 필요

전년도 핵심과제	전년도 초 목표 & 완료 일정	전년도 말 성과	마감기한내 목표달성 갭(Gap)
1. 성과코칭협회 기반 조성 및 정식 발족 - 정관(운영규정), 창립/운영위 구성, 창립 컨퍼런스	1-1. 성과코칭 협회 정관 수립 - 9월까지 완료 1-2. 운영위원회 구성과 월례 모임 통한 발족 준비 - 1~12월 (매월) 1-3. 성과코칭협회 발족 컨퍼런스 개최 (10월중)	1-1. 정관 초안 수립 (4월), 최초 최종안 수립 (9월) 1-2. 매월 아젠다 발굴 및 연중 추진 완료 1-3. 10/14일성료 : 5인 발표, 330명 참석	1-1. 기한 내 완료 - 부직 등 보완요 1-2. 기한 내 완료 - 개인별 참여도 제고, R&R 정립 요 1-3. 정상 실행/완료 - 회원 사업화 요
2. 성과관리/성과코칭 방법론 적용 및 성과코칭 실천 활동 (3곳 이상) 및 성과코칭 활동 본격화 (10명 이상)	2-1. 자체 성과관리 방법론 지식/스킬 심화 및 임상 적용 : 1월 ~ 12월 2-2. 코치협회 인증 취득 및 성과코칭 임상 경험 축적 : 4 ~ 12월	2-1. 기관, 기업, 단체 대상 컨설팅 및 코칭 수행 (3곳) 2-2. 코치협회 인증 취득 (~10월), L사 성과코칭 7명 코칭 수행 (4~11월)	2-1. 100% 달성했지만 초과 달성 못함 2-2. 성과코칭 대상 목표 10명 대비 3명 미달성
3. 사업자로서 계속 가능한 사업 포트폴리오 아이템 발굴, 개발, 적용 - HRM 분야 외 AD/DC 과정 및 미래라운드 과정 론칭, 미래사업 개발 준비	3-1. 역량 진단 개발과정 론칭 (9월) 3-2. HR주제별 과정 5개 과정 론칭 (온보딩어 ~ 12월) 3-3. 미래사업 개별방법론 교재 집필 착수 (11월 ~)	3-1. 론칭 & 적용 3-2. 7개 과정 론칭 및 적용 3-3. 교재 집필 위한 자료 수집/분석	3-1. 기한 내 핵심 고객사 확보 성공 (차년도 추가 확보) 3-2. 기한 내 완료, 2개 추가 개발 3-3. 교재 개발 준비, 완료 (2023년 3월까지 초본 개발 후 모듈링)

성과목표별 갭(Gap)	원인 분석	개선과제	마감기한
1-1. 부족 등 보완요 1-2. 개인별 참여도 제고, R&R 정립 및 실행 요 1-3. 회원 사업화 추진 요	1-1. N/A (필요시 보완사항) 1-2. 참여원간 경험 / 지식 / 인식의 차이 존재, R&R 분담 통한 참여 제고 시급 1-3. 회원사업 본격화 위한 콘텐츠 / 서비스 체계 구축 필요	1-1, 1-2, 1-3의 갭(Gap) 해소 위한 개선과제 추진 필요. : 주관이사 순환, 담당 이사(PM), 개인 특성 반영한 참여도 제고, 인센티브 체제 적용 등 (협회 운영과 체제 정비 및 추진력 제고	○ 주관이사 순환 : 22년 11월부터 도입 ○ 담당이사(PM) 및 인센티브제 등 : 생반기까지 도입 ○ 하반기 운영 활성화 (~12월) ▲ 개선과제로 수행
2-1. 100% 달성했지만 초과 달성 못함 : 차년 지속 추진 2-2. 교장 대상 목표 10명 대비 3명 미달 : 차년 만회	2-1. 영업 사항 : 전반적인 수요 발굴 / 소화 필요사항 2-2. 영업 사항 : 전반적인 수요 발굴 / 소화 필요사항	2-1, 2-2 별도 개선과제 불필요. 당기과제에 포함하는 것이 적절한 사항	▲ 2-1. 2-2. 3-1. 3-3. : 당기과제 1, 2, 3에 흡수
3-1. 핵심교육사 17개 그룹 → 차년 3개 이상 확대 필요 3-2. 과정 개발 / 문정 / 적용 과정 22개 초과 달성, 10개사 적용 → 차년 유지 / 발전 3-3. 교재 개발 준비 완료 → 차년 교재 개발 완료, 본격 적용 : 3개 기업 / 기관 이상	3-1. 영업사항 : 전반적인 수요 발굴 / 소화 필요사항 3-2. 초과달성 : 과도한 확대 보다는 적정 수준 수행 필요사항 3-3. 차년도 일정에 따라 교재 완성 후 적용 가능 사항	3-1. 별도 개선과제 불필요. 당기과제에 포함해 수행 3-2. 별도 개선과제 불필요 3-3. 별도 개선과제 불필요. 당기과제에 포함해 수행	

[STEP 2] 성과목표 설정

目 標
눈(목) 표할(표)

과제수행을 통해
고객, 수요자가 원하는 결과물을
객관적이고, 가시적인 형태로
표현해 놓은 것

성과목표의 전제조건

· 결과물의 가치 기준인 품질 기준(Quality)

· 결과물을 달성하는 데 투입되는 원가(Cost)

· 결과물을 달성하는 데 소요되는 납기(Delivery)

목표에 의한 관리의 유래와 근본 취지

구성원을 타율적, 피동적이 아닌

능동적, 자율적, 창의적 존재로 볼 때 경영성과도 극대화

MBM ⟷ MBO

Management by Managers　　　　Management by Objectives

· 상사의 의한 관리

· 상사의 지시, 통제 중심
  경영

· 상사의 말씀과 방침에
  의한 기획과 실행

· 상사가 하달한 목표치
  대비 달성율 기반 평가

· 목표에 의한 관리

· 목표에 의한 자율책임
  경영

· 소통, 협업, 코칭에 의한
  기획과 실행

· 사전에 합의한 목표와
  과정 기반 평가

: 주 :
《The Practice of Management》, Peter Drucker (1954)

MBM ⟷ MBO

Management by Managers | Management by Objectives

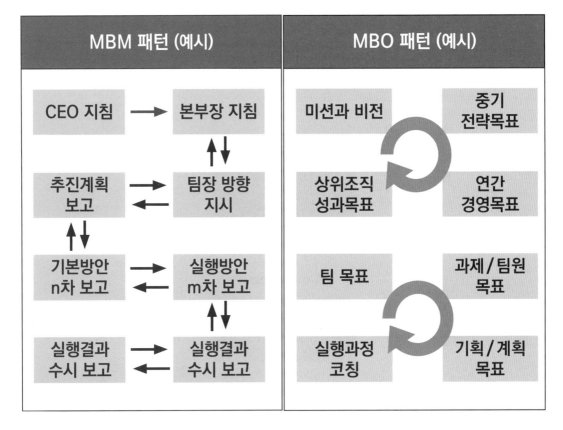

| MBM 패턴 (예시) | MBO 패턴 (예시) |

MBM 패턴 (예시)

CEO 지침 → 본부장 지침 ↑↓
추진계획 보고 → ← 팀장 방향 지시 ↑↓
기본방안 n차 보고 → ← 실행방안 m차 보고 ↑↓
실행결과 수시 보고 → ← 실행결과 수시 보고

MBO 패턴 (예시)

미션과 비전 / 중기 전략목표
상위조직 성과목표 / 연간 경영목표
팀 목표 / 과제/팀원 목표
실행과정 코칭 / 기획/계획 목표

* 각 보고 단계마다, 초안 보고 / 중간 보고 / 최종 보고 / 팀장 보고 / 본부장 보고 / CEO 보고가 중첩될 수 있음

* 보고는 목표수립, 공정율 50%, 종료 단계에서 실무자 주도로 상위리더에게만 이루어짐

목표의 종류

다양한 종류의 목표 중에서 성과관리 및 성과코칭이 다루는 목표는?

성과관리 및 성과코칭이 다루는 목표			

실행목표	• 행위목표 또는 실적목표
	
	• 과제수행 행위 자체를 수치화
	  Ex. 방문 횟수, 협의 건수,
	     개최 건수
	
	• 열심히 노력한 정도만 나타남
		성과목표	• 목적목표(objective)
			
			• 과제수행의 목적을 달성한
			  결과물

과정목표	• 과정결과물의 기준을
	  객관화한 상태
	  Ex. 주간, 월간, 분기, 반기목표
	
	• 진척도(progress) 파악 용도
		최종목표	• 최종결과물의 기준을
			  객관화한 상태
			
			• 기간별 과정목표와 함께
			  사용해 인과적 과정관리 도모

지향적 목표	• 일의 도달점이나 가고자 하는
	  방향만 제시
	  Ex. 매출 1천 억 달성,
	     원가 15% 절감
	
	• KPI를 이것으로 오해하는
	  경향
		상태적 목표	• 목표가 달성된 상태를
			  구체화한 것
			
			• 세부내역까지 상세히 제시된
			  경우를 성과목표조감도라고
			  함

상태적 목표와 성과목표조감도
(Objective & Bird's Eye View)

지향적 목표(Goal)

- 현재를 기준으로 한 미래의 지향점, 선언적인 방향성

- 일의 방향을 제시하지만, 일의 전략을 결정할 수 없거나 구체적 방법은 설정되어 있지 않다.

  Ex1. 달성률 100%
  Ex2. 제안 건수 50건
  Ex3. 고객 만족도 90%
  Ex4. 구매 프로세스 개선

  * 수치목표 달성율 중심 정량적 KPI 또는 객관화가 어려운 정성적 KPI

상태적 목표(Objective)

- 수요자가 원하는 미래의 결과물이 이루어진 상태

- 일의 방향을 제시하고, 목표를 달성하기 위한 전략과 방법을 설정하고 시작한다.

  Ex. '연간 원가절감액 목표 : 5천만 원'
  – 변동비 : 원부자재비 1천 5백만 원
  – 변동비 : 가공비 8백만 원
  – 변동비 : 라이선스 수수료 3백만 원
  – 고정비 : 정규직 인건비 1천 2백만 원
  – 고정비 : 월세 1천만 원(이사비 포함)
  …

  * 최소한 성과 상세내역 담은 KPI + 수치목표

'시작이 반'이란?

"시작이 반"의 진의는?
성과목표는 '예상결과치'가 아니라 '의지달성치'

일, 과제를

시작하기 전에

'성과목표'를

설정해야 하는

이유

- **성과목표는 과제수행의 이정표, 가늠자이다**
  - 한정된 시간, 자원으로 정해진 기간 내에 원하는 결과물을 달성하는 과정에서 결과물의 진척도, 완료 여부를 가늠하게 한다.

- **성과목표는 의사결정자 역할을 한다**
  - 과제수행을 통해 기대하는 결과물을 달성할 때까지 무엇을 어떻게 해야 하는지에 관한 의사결정의 기준이 되어준다.

- **성과목표는 인과적인 달성전략 수립의 기준이다.**
  - 성과목표를 세우지 않고 실행부터 하게 되면 기회 획득도 어려워지지만, 리스크 대응은 더욱 어려워져서 돌발상황, 위기상황에 봉착하기 쉽고 실패 가능성이 더욱 높아진다.

- **성과목표는 공정한 평가자 역할을 한다.**
  - 성과목표와 인과적 실행이 없이는 기여도 파악이 어렵고 평가보상의 공정성도 확보될 수 없기 때문이다.

유효한 성과목표의 기준

유효한 성과목표는 과제나 행위 자체가 아니라
'인과적 결과물'이 '달성된 상태의 수준'이다.

설정한

성과목표가

유효한 것인지

판단하는

4가지 기준

√ **과제 자체와 과제수행의 결과물 구분**

- 과제 자체 : MOU 체결 과제 추진, ESG 체계
  정립, 공정 리뉴얼 실시
- 과제 결과물 : L모델 3천 대 계약, ESG 투자
  비중 5% 상향, 수율 10% 개선

√ **행위 자체와 행위의 결과물 구분**

- 행위 자체 : 방문 횟수, 협의 건수, 개최 건수,
  교육 횟수, 모집 인원수 등
- 행위 결과물 : 매출액 1,500억 원, 원가절감액
  100억 원, 불량률 0.8%

√ **우연한 결과 vs. 의도한 결과 구분**

- 성과목표 → 과정(기간별) 목표 → 최종목표 :
  캐스케이딩
  Ex. 연초 목표 100만 톤 → 월별 목표 캐스케이딩 :
  Gap 파악 / 원인 분석

√ **지향적 목표 vs. 상태적 목표 조화**

- 지향적 목표 : Top-Down 방식,
  상태적 목표 : Bottom-up 방식

1. **일정** : 언제까지 끝내야 하는지 마감기한(deadline)이 명확

2. **수준** : 일 완료 시점의 결과물의 수준(level)이 객관적으로 표현

3. **상태** : 달성된 결과물의 상태(achieved state)가 세부내역 형태로 구체적 묘사

성과목표(KPI + 수치목표)	상태적 성과목표

금년도 1~12월까지
여성고객 매출
100억 원 증대 달성
(작년도 : 50억 원)
	• 20대 여대생 40억 원 : 제품, 영업, 서비스 …
	• 30대 싱글 전문직 여성 30억 원 : 제품, 판매 …
	• 40대 미시족 20억 원 : 제품, 영업, 서비스, 마진 …
	• 10대 여자 청소년 10억 원 : 제품, 영업, 서비스 …
	• 다중연령대 타깃 세그먼트 : 신제품 A, B, C개발 …
	  → 세부구성요소별 성과목표 내용과 수준까지
	    명시하면 성과목표조감도 (금액, 수량, 인원,
	    건수 …)

KPI 및 '수치목표'의 유용성과 한계

비전/전략 ▸ 과제 목적 ▸ **KPI (성과측정지표)** ➕ **수치목표** ▸ 달성 수준 ▸ 핵심과제

성과측정지표의 유용성

√ 사전 과제수행 기준 :
핵심과제 수행 이유와 달성하려는 목적이 무엇인지를 미리 알려주고 수행자 간에 설계 공유 기능

√ 객관성 및 명확성 :
핵심과제 수행 통해 이루고자 하는 목표의 달성 여부 / 정도를 가장 명확하게 판단 가능
* 관리상 편의성 우수

수치화라는 특성

√ KPI는 수치화된 지표 :
정량적 수치화(예 : ROI, 수율)
정성적 수치화(예 : 인지도)로 구분하지만 기본적으로 수치로 계산이 가능해야 함

√ 적용 적합도의 차이 인식 :
– 영업, 생산, 구매, 회계 등 연속적 업무 활동
– R&D, 디자인, 기획, 지원 스탭 업무, 신규 업무, 1년 미만 과업 / 프로젝트

일정한 한계와 대응

√ KPI는 핵심성과지표 =
KPI는 핵심목적지표

√ KPI 활용 곤란한 경우
– 일정지표 : 단순 일정 준수 여부만 파악 (예 : 일정 진행율)
– 실행지표 : 실행 노력과 실적 만 파악 (예 : 고객 미팅 횟수)
– 사후 판단지표 : 추이 정보 없이 모호한 판단만 가능 (예 : 단순 현업 만족도)

√ KPI로 성과 기준을 표현하기 어려운 경우 과제수행을 통해 기대하는 결과물의 상태를 세부 구성요소의 형태로 나열하는 방법 사용

√ KPI 오용과 남용
– 유사 대체 지표로 교체 (예 : 지원 몰입도 → 성과 몰입도)
– 달성을 Manipulation / 통제

핵심성과지표(KPI)의 의미

핵심성과지표	Key Performance Indicator

- 각각의 전략과제(CSF) 수행을 통해 애초에 의도한 대로 이루고자 하는 목적(결과물의 모습)을 달성하였는가를 가장 잘 판단할 수 있는 기준이며,

- 전략과제를 수행해야 하는 이유와 달성해야 하는 목적이 무엇인지 일을 수행하기 전에 미리 알려주는 '사전 업무수행 기준'이다.

- KPI는 '란체스터의 법칙'을 전제로 한다.

핵심성과지표(KPI)의 바람직한 유형

1. 실적지표, 실행지표, 일정지표가 아닌

   → 그 일을 통해 이루고 싶은 목적지향적 지표

2. 평가하기 모호한 서술적 문구나 추상적인 지표가 아닌

   → 측정이 가능한 객관적 지표

3. 일이 끝나고 나서야 결과를 알 수 있는 사후 판단지표

   → 일하기 전에 공략 대상을 알 수 있는 사전 판단지표

핵심성과지표(KPI)의 조건

1. 전략과제의 목적달성 여부를 검증할 수 있는 아웃풋 지표여야 한다.

   무엇을, 얼마나, 언제 투입했는가 하는 인풋(input) 중심의 실행지표가 아니라, 실행결과가 드러났을 때 의도된 성과를 측정할 수 있는 아웃풋(output) 중심의 지표여야 한다.

2. 객관적인 측정이 가능한 성과지표여야 한다.

   업무/과제수행의 목적을 측정 가능한 변수로 최대한 계량화함으로써 객관적으로 평가할 수 있는 상태로 만들어야 한다.

3. 조직계층 또는 자원의 통제범위와 연계되는 핵심성과지표를 추출해야 한다.

   실행자가 직접적인 영향력을 발휘할 수 있거나 통제가 가능한 지표로 설정하되, 지나치게 세분화되거나 지엽적인 지표가 되지 않도록 유의해야 한다.

4. 수행업무의 조직계층구조 속에서 차지하는 위치를 고려할 필요가 있다.

   해당업무의 수행결과가 상위조직에 어떤 영향을 미치는지 염두에 두어야 한다.

성과목표조감도의 의미

성과목표조감도	鳥瞰圖, Bird's eye view

- 업무수행을 통해 얻고자 하는 결과물의 세부구성요소와 상태들을 입체적인 이미지로 그려낸 것.

- 성과목표조감도를 만들어 본다는 의미는, 성과목표를 구성하고 있는 타깃 즉, 세부구성요소(세부목표)를 찾아내서 어떤 부분을 집중적으로 공략해야 전체 성과목표가 달성 가능할 것인가를 시뮬레이션해 보는 것과 같다.

성과목표를 조감도로 작성하는 방법

1. 성과목표가 달성되었을 때의 결과물을 성과지표와 수치목표로 표현한다.

2. 그리고 그 결과물이 달성되었다고 판단할 수 있는 기준이 되는 세부구성요소와 상태들을 작성한다.

3. 만약, 전략과제 수행을 통해 원하는 결과물을 성과지표와 수치목표의 형태로 바로 표현하기 어려울 경우에는 원하는 결과물의 세부항목을 나열한 다음, 조작적 정의를 통하여 성과지표와 수치의 형태로 표현한다.

성과목표를 제대로 설정하는 프로세스

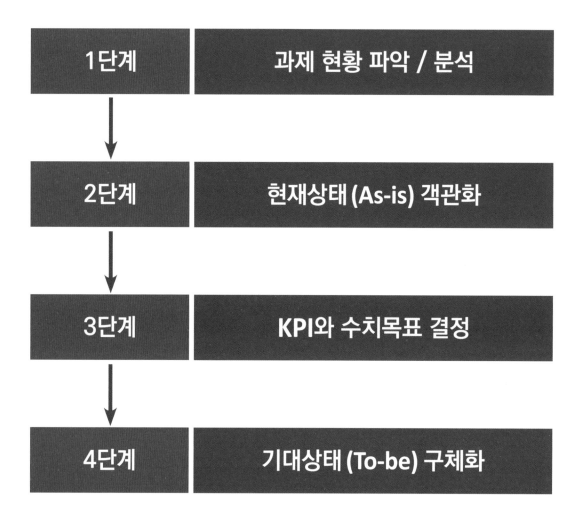

1단계	과제 현황 파악 / 분석
2단계	현재상태 (As-is) 객관화
3단계	KPI와 수치목표 결정
4단계	기대상태 (To-be) 구체화

1단계 : 과제 현황 파악 / 분석

기대하는 결과물을 얻기 위해
성과목표를 설정해야 한다면
반드시 과제의 현재 상황을 데이터 중심으로
객관적으로 분석해야 한다.

- 해당 과제를 선정하게 된 이유와 근거를 파악한다.
    - 과제개요 : 과제 목적과 범위, 일정
    - 선정 배경 : 특히 상위조직이나 상위기간과의 인과성 파악
    - 과제와 관련된 이해관계자의 요구사항
    - 유의사항 등

2단계 : 현재상태(As-is) 객관화

현장을 확인하고 현상을 분석하여,
하고자 하는 일의 현재 수준을
객관적으로 정의한다.

결과물에 대한 품질 기준과 투입할 수 있는 원가 기준과
허용할 수 있는 소요시간과 예상되는 외부환경조건과
내부역량에 대한 현재 수준을 구체화해 본다.

3단계 : KPI와 수치목표 결정

하고자 하는 일을 통해
달성하고자 하는 결과물의 수준을
핵심성과지표(KPI)와 수치목표로 표현하여,
일의 목적지를 결정한다.

• 핵심성과지표(KPI)는 객관적인 측정이 가능한 정량적 지표로 추출해야 한다. 정성적인 업무라 할지라도 정해진 기간 내에 목적하고자 하는 결과물을 계량화함으로써 객관적으로 평가할 수 있는 상태로 설정한다.

• 핵심성과지표(KPI)는 그 일을 통해 이루고 싶은 목적지향적인 지표여야 하며, 일하기 전에 공략대상을 알 수 있는 사전적 지표 성격이어야 한다.

수치목표의 기준치 설정 방법

• 기준치가 있는 정량적 성과지표의 평가 척도 구분

목표 수준		평가 척도				
기준치	목표치	Exellent	Good	Average	Basic	Poor
85%	87%	88% 이상	87% 이상 ~ 88% 미만	86% 이상 ~ 87% 미만	85% 이상 ~ 86% 미만	85% 미만

• 조정치 : (85%+87%) / 2 = 86%
• 구간치 : 87%(목표치) − 86%(조정치) = 1%
• Good 등급의 평가 척도 : 목표치 ~ 목표치 + 구간치 = 87% ~ 88%(87%+1%)
• 타 등급의 평가 척도 : Good 등급의 평가 척도를 기준으로 '구간치'를 상하로 전개

• 기준치가 없는 정량적 성과지표의 평가 척도 구분

목표 수준		평가 척도				
기준치	목표치	Exellent	Good	Average	Basic	Poor
−	87%	목표 대비 110% 초과 (95.7% 이상)	목표 대비 100% 이상 ~110% 미만 (87% 이상 ~ 97.5% 미만)	목표 대비 90% 이상 ~100% 미만 (78.8% 이상 ~ 87% 미만)	목표 대비 80% 이상 ~90% 미만 (69.6% 이상 ~ 78.8% 미만)	목표 대비 80% 미만 (69.6% 미만)

4단계 : 기대상태(To-be) 구체화

목표가 이루어졌을 때의 상태를
구체적인 세부구성요소의 형태로 표현한다.
그래야만 전략을 결정할 수 있다.

• 각각의 해야 할 일에 대해 그 일을 통해 반드시 이루고자 하는
결과물을 객관적이고 구체적인 형태로 나열한다.

• 성과가 달성된 모습을 세분화하며 시각적으로 묘사한다.
예를 들어서 보고서 작성이라고 한다면,
보고서가 완료되었을 때 포함되어야 할 항목과 들어가야 할 내용을
명사 형태로 묘사한다.

과제 (CSF, 해야 할 일)	과제현황 파악 (As-is)	원하는 결과물 (성과목표, 기대상태, To-be)	상태적 목표 (성과목표조감도)
고액자산가 밀착관리	• 고객수 현황 1) 10억 원 이상 30명(-10명) 2) 5억 원 이상 50명(+5명) 3) 3억 원 이상 90명(+14명) 4) 1억 원 이상 127명(+30명) → 1억 원 이상 고액자산가의 총 금액 XXX억원 • 5억 원 이상 고액자산가 이탈 인원수 지속적으로 증가함 (전월 대비 이탈 인원수 23명) - 부동산 매입 10명 - 공사 대금 8명 - 대출 상환 3명 - 해외자녀 송금 2명 • 고액자산가 타깃으로 한 펀드 상품 등 금융상품이 다양성 부족에 대한 불만 총 20건 (개인사업가 > 개인 > XXX)	• 5억 원 이상 고액자산가 총 예치금액 500억 원	(1) 금융상품 체결 금액 300억 원 - 신탁 100억 원 재유치 - 골드바 80억 원 신규 - 정기예금 50억 원 신규 - … (2) 펀드상품 체결 금액 200억 원 - 부동산펀드 100억 원 - 주식형펀드 80억 원 - 그룹인하우스 30억 원 - … (3) 상기 (1), (2) 실행 관련 지원 - 정보시스템 보완 - 전문가 교육훈련 - …

與可畵竹時 胸中有成竹(여가화죽시 흉중유성죽)

胸有成竹(흉유성죽)

'대나무를 그리기 전에
이미 마음속에 완성된 대나무를 품고 있어야 한다'
대나무를 생동감 넘치게 잘 그렸던 북송시대 학자, 문여가(文與可)는
잎이나 가지가 자라는 모습들을 자세히 관찰하고,
사계절의 다른 모습, 비올 때나 맑을 때나
안개 속의 서로 다른 자태를 살폈다.
오랜 세월이 흐르고 대나무의 모든 것을 훤히 알게 되어,
눈을 감으면 대나무의 모든 것이 눈앞에 수없이 펼쳐졌다고 한다.

: 출처 :
소식(蘇軾), 《文與可畵, 篔簹谷偃竹記》, 문여가 그림의 '운당곡언죽기'라는 시 중에서

성과목표 수준의 적정성 판단

1 성과목표의 지향점과 수준은
실행자가 아니라 상위조직, 상위리더가 1차 결정

2 상태적 목표, 성과목표조감도, 인과적 달성전략의 초안은
실행자가 수립

3 상태적 목표, 인과적 성과창출전략의 타당성은
리더가 코칭을 통해 객관적 검증

4 성과목표수준의 적정성은
성과목표조감도, 인과적 성과창출전략에 의거해 판단

5 상위조직의 성과에 기여하는 정도, 투입 가능 자원 허용범위를
고려해 최종 결정

'도전적인 수준(Stretched target)'의 목표를 설정하는 3가지 이유는?

자신의 역량
대비 120%
수준 권장

도전하는
과정에서
플랜B 개발
및 성장

미래를 향한
투자와 발전의
계기 확보

도전적
목표일수록
OOO 준비 기본

[예시①] 간단한 형태의 상태적 목표

구분	전략과제 (CSF)	성과목표		상태적 목표
		핵심성과지표(KPI)	수치목표	
영업팀	국내 신규고객 확보	5억 원 이상 구매고객 수	7개	경인지역 4개 (기존 고객 계열사 2개, X사 협력기업 2개)
				영남지역 2개 (다품종 요청 고객 1개, 신규업체 1개)
				충북지역1개 (경쟁사 전환 가능업체 1개)
구매 총무팀	안정적 구매업체 확보	핵심 부품 5개 국내 구매 비율	70%	A부품 국내 구매 비율 80%
				B부품 국내 구매 비율 75%
				그 외 3개 부품 구매 비율 90%
				A, B 추가 국내 구매가능 업체 List 5개
인사팀	팀장의 역량 관리항목 개발	성과코칭 역량 진단 항목 수	40개	성과관리 개념에 대한 이해 진단 항목 10개
				성과관리 프로세스 준수 항목 10개
				팀 전략과제 도출과 목표설정 항목 10개
				팀원 대상으로 팀장의 성과코칭 진단 항복 10개

[예시②] 성과목표조감도 형태의 상태적 목표

지향적 목표
(goal, 단순 KPI)

상태적 목표
(objective, 성과목표조감도)

- KPI : 여성의류 이익율 3%
  제고
- 수치목표 : 순이익율 5%

작년도 순이익율 : 2.0%
작년도 매출액 : 50억 원
달성기간 : 금년 1~12월까지

1. 핵심과제
- 과제명 : 여성의류 제품군의 양적, 질적 성장 가속화
  달성

2. 현황 파악
- 현황 : 최신 사양 신제품임에도 불구, 고객소구력,
  영업 역량 부족, 원가절감 부진, 부적정 단가
  로 성과 저조
- 직전 3년 매출 / 순이익율 : 55억 / −4.1%,
  78억 / −2.5%,
  80억 / +2.0%

3. 원하는 결과물(KPI + 수치목표)
- KPI : 여성의류 제품군의 판매 성장 가속화 달성
- 수치목표 : 매출 110억 돌파, 순이익율 5% 상회

4. 상태적 목표 : ① × ② − ③

① 매출 수량 증가 수량 : 2.5 → 3.5 천 대	문의 고객 수 증가	직영점, 대리점, …
	영업직원 역량 강화	정규직, 임시직, …
② 매출 단가 인상 평균 100→ 105%	상품 매력도 상승	제품별 디자인 …
	브랜드 인지도 제고	홍보, 광고, 행사, …
③ 판매 원가 절감 평균 100 → 95%	생산 제조 원가	재료, 공임, 자동화, …
	유통 비용 절감	단계 축소, 물류비, …

〈첨부〉상기 항목별 최근 3년 추이 Data 및 경영진단팀 분석 결과

[예시③] 성과목표조감도 형태의 상태적 목표

지향적 목표에서 나아가 성과목표조감도 형태로 설정된 상태적 목표

지향적 목표
(goal, 단순 KPI)

목표명	목표 내용
성과관리형 인사평가 제도 개선 이행률	〈EES* 설문 측정 항목〉 1. 인사평가 제도 개선 방안 • 개선 방안이 적절한가? • 노사 공감대 속에서 제도 　개선이 되었는가? • PDCS 절차를 제대로 　준수했는가? 2. 인사평가 제도 실시 / 운영 • 성과관리와 연계하여 인사 　평가 제도가 실행되었는가? • 인사평가제도는 적절한 　프로세스로 운영되었나?
	전기 실적 : 75점/100점
	당기 목표 : 80점/100점
	차기 목표 : 85점 이상

* EES : Employee Engagement Survey

상태적 목표
(objective, 성과목표조감도)

• 핵심과제 : 전사 성과창출을 위한 체계적 성과관리
　　　　　 구축 및 실행·관리
• 현황 / 배경 : 전사 미션 및 전략 목표의 효과적 달성 위해
　　　　　 전사 – 본부 – 부서 – 개인 성과목표가
　　　　　 cascading되는 전사적 성과관리체계
　　　　　 수립 및 관리 필요
• 성과목표(KPI+수치목표) : 성과관리체계 개선 및 이행 100%
　– 성과관리체계 개선 완료(30%) + 편람 절차 이행률(70%)
• 기간별 아웃풋 관리 프로세스
　– 성과관리체계 개선 절차 및 성과물의 기대 모습

개선 니즈 분석 (12~1월)		성과목표 설정 (1~2월)		연중 실행 (3~10월)		조직 / 개인 평가 (11월)
외부 전문가 및 직원 의견 수렴 통한 개선(안) 도출	⇨	경영목표와 Cascading 된 부서 / 개인 KPI 설정	⇨	분기별 성과 점검을 통한 부서 / 개인별 코칭, 피드백	⇨	분기 및 연말 성과평가에 연계된 조직 및 개인 평가

• 측정 방법 : 성과관리 편람 CEO 승인 및 성과관리 이행
　　　　　 수치화
　– 성과관리체계 개선 :
　　① 전문가 / 직원 의견수렴한 개선(안) 도출
　　② CEO 승인 / 평가 득한 성과관리 편람 실습교육
　– 절차 이행률 :
　　{이행 건수/성과관리 절차별 과세 건수)}×100

핵심과제의 성과목표 설정 방법

당기과제

- 당기 말 성과목표
- 당기 초 현재 수준
- 갭(Gap)
- 당기과제 성과목표 공략방법
- 완료일정

선행과제

- 중기 성과목표
- 당기 초 현재 수준
- 갭(Gap)
- 선행과제 성과목표 공략방법
- 완료일정

개선과제

- 실제 성과 갭(Gap)
- 갭 발생 원인 분석
- 개선과제 성과목표 공략방법
- 완료일정

핵심과제 성과목표 설정

핵심 과제
- 과제를 적어보고 선행과제, 당기과제, 개선과제를 구분해 본다.

핵심 과제 현황 파악
- 과제의 개요, 이해관계자 (주로 상위리더) 요구사항을 적는다.
- 과제의 현재 상태나 데이터 수준 등을 적는다.

기대하는 결과물
- 핵심과제 현황 파악을 통해 올해, 정해진 기간 내에 달성하고자 하는 목표 수준을 적는다.

상태적 목표 (성과목표 조감도)
- 성과목표의 달성수준에 해당하는 목표가 달성된 상태를 세부내역의 형태로 적도록 한다.
- 마치 집을 완성했을 때의 설계도면의 상태를 나열해 놓은 형태이다.

항목	세부내용 : 품질팀 작성 (예시적)		
핵심과제 (복합형)	월드베스트(Stretch) 품질 수준 20% 상향 달성		
	현안	품질향상	World Best 대비 95점 달성 …
	개선	품질혁신	품질관리 혁신 Tool 개발 …
	선행	고객지원	업체품질등위 1~2위 지속 …

핵심과제 현황 파악 (As-is)	• 최종고객 월드베스트 품질 현황 (전년 말)
	 - 세계1위 경쟁 JA社 기준 대비 평균 91.7점 수준
	 - 신규모델(A', B', C') 개발 통한 품질향상 병행
	 - 제조공정(7단계) 품질정보공유자동화 툴 부재
	 • 공정개선 관련 예산 동결로 추진 난항 예상 …
	  - 모델A : 96점, 모델B : 85점, 모델C : 90점
	  - 매출비중 : A 45%, C 35%, B20%		

원하는 결과물 (성과목표, 기대상태, To-be)	• 최종고객 품질평가(등향상 위해 신규 모델이 기존 모델 대비 품질 25% 상향 • 공정 품질 관리 프로세스 자동화 및 선제적 대응 통해 기존 모델 품질만족도 20% 향상 …		

상태적 목표 / 성과목표 조감도	• 핵심고객 품질 Pain Point 세부내역 확보 등 …
	 • 신규모델 : 3년 분석정보 개발 / 공정 반영해서 …
	 • 품질관리 자동화 정보시스템 개발 완료(3분기)
	  Next Cycle 반영 및 조기 품질 통제
	 1) 모델별 품질 수준 Real Time 확인
	 2) 주요 최종고객 품질평가 기준 해설 매뉴얼
	  개발 및 7단계 공정담당자 품질교육 실시 …		

항목	세부내용
핵심과제	• 대상자가 올해 시스템에 입력한 핵심과제를 적어보고 선행과제, 당기과제, 개선과제를 구분해 보도록 한다.
핵심과제 현황 파악 (As-is)	• 과제의 개요를 적는다. • 과제와 관련된 이해관계자의 요구사항을 적는다. 주로 상위리더의 요구사항이 대부분이다. • 과제의 현재 상태나 데이터, 수준 등을 적는다.
원하는 결과물 (성과목표, 기대상태, To-be)	• 핵심과제 현황 파악을 통하여 올해, 정해진 기간 내에 달성하고자 하는 목표수준을 적는다.
상태적 목표 / 성과목표 조감도	• 성과목표가 달성수준에 해당하는 목표가 달성된 상태를 세부내역의 형태로 적는다. • 마지 점을 완성했을 때의 설계도면 이 상태를 나열해 놓은 형태이다.

핵심과제별 성과목표 설정 샘플 (OOOO년도)

핵심과제	(핵심과제 관련) 현황 분석	핵심과제별 성과목표 (KPI+수치목표 or Achieved state)	고정변수와 변동변수
[연간 달기과제1] 미래사업 개발 프로그램 론칭 및 전개 기반 구축	• 미래사업 개발 워크숍 론칭 및 본격 운영 (5개 사) • 특강 등 강의 활동 미흡	• 미래사업 개발 고객률 : 10개 사 이상 • 주요 스타트업 및 대기업 미래사업 및 유관 단체 특강 / 교류 : 5건 이상	[고정] 미래사업 개발 워크숍 교재 및 컬리큘럼 적용 [변동] 스타트업/대기업/단체 네트워킹 채널 구축
[연간 달기과제2] 성과관리 강의와 코칭 서비스 성장 기반 구축	• 성과관리방법론 적용 • 활동 미흡 : 워크숍 수행 1건, 관련 특강 1건에 그침	• 성과관리 확산 위한 교육 및 자문 활동 : 10개 사 이상 • 성과코칭 활동 : 대상자 10명 이상 (진전된 버전으로 코칭)	[고정] A사 하반기 성과코칭 프로그램 참여 [변동] 신규 고객사 2개 사
[연간 달기과제3] 역량평가 및 교육 서비스 라인 구축 및 운영기반 확보	• 협력 파트너십 구축(2개 사) • 교육고객 1개 사, 자문고객 1개 사 확보 • 전문서적 기획 완료	• 협력파트너십 : 채용대행사 3곳 • 교육고객 : 5개 사, 자문고객 2개 사 • 전문서적 발간 완료(하반기)	[고정] 협력 파트너십 채용 대행사 3곳, 전문서적 [변동] 교육 및 자문고객사 5개 사
[연간 선행과제] 성과코칭협회 사업 기반 정립 추진	• 전문가(성과코치) 양성 : 교재개발 및 FT참여 • 가망사업 체계 수립, 운영위원 충원(2명)	• 성과코치 교재개발 및 적용 • 성과관리 필드북 공동 발간 (~8월)	[고정] 성과코칭 교재
[연간 개선과제] 성과코칭협회 운영 방식 개선 추진	• 규정 / Rule 세팅(인센티브) • 운영위 재편, 충원 (2명) • PM 체제 도입 단계	• 운영위원회 : 상근위원 중심 재편 및 위원별 R&R 정립 • 성과코치 사업 참여 1인 1사업	[고정] 상근위원 중심 개편 상태 [변동] 위원별 R&R

戰 略

싸움 (전) 다스릴 (략)

- 한정된 자원으로 원하는 결과물을 얻기 위한 방법
- 문제를 규명하고, 해결 위한 대상(Target)을 선택하고 타깃별 공략방법을 미리 수립하는 것
- 문제란? 목표수준 vs. 현 수준의 차이(Gap) 객관화한 것

⇒ 전략수립 = 타기팅 = 공략의 인과적 방법

전략의 유사 개념	방안이 있다	방안이 없다	전략의 당위성
• 성공비결, 성공공식 • 특정인만의 기술 • 추진계획, 로드맵, 액션플랜, 실행계획 • 중요과제 • 경영방침 • 실행지침	• 목표달성 위한 인과적 방법 안다. • 현재 상태와 기대 상태의 Gap을 안다. • 수요자 중심으로 사고하고 일한다. • 과제별 가치 판단, 의사결정 기준 있다.	• 과제의 이름, To-Do List, 추진일정 계획이 있다. • 과제 중심으로 경험적으로 관행적으로 일한다. • 일을 시작, 진행하며 전략이 드러난다.	• 초기 20~30% 기간에 성과의 70~90% 결정*

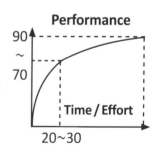

* : 근거 :
한계효용체감의 법칙, 파레토 법칙, 프로젝트관리론

성과창출전략의 의미①

• 기업 차원에서 중장기 전략 수립은?

시장에서 제품과 서비스를
어떤 목표 고객에게 제공할 것인가 결정

➡ 목표 고객 타기팅(Customer Targeting)

성과창출전략의 의미②

• 기업 차원에서 연간 단위 사업 전략 수립은?

성과를 창출하기 위해
한정된 자원을
어떤 변수(고정변수, 변동변수 중)를 공략하는 데
우선적으로 배분할 것인가를 결정

➡ 자원 타기팅(Resource Targeting)

성과창출전략의 의미

• 기업 차원에서 분기 / 월간 단위 사업 전략 수립은?

구체적인 대상(Target)을
공략하기 위한 방법을 결정

본부 / 팀 차원에서 전략을 사용할 때 가장 중요하게 생각해야 할 전략

→ 팀 / 팀원 단위에서 부여받은 성과목표가 성과로 창출되기 위해서는
월간 / 분기 단위의 성과창출전략을 타깃 중심으로 세우는 것이 중요하다.

성과창출전략을 수립하는 프로세스

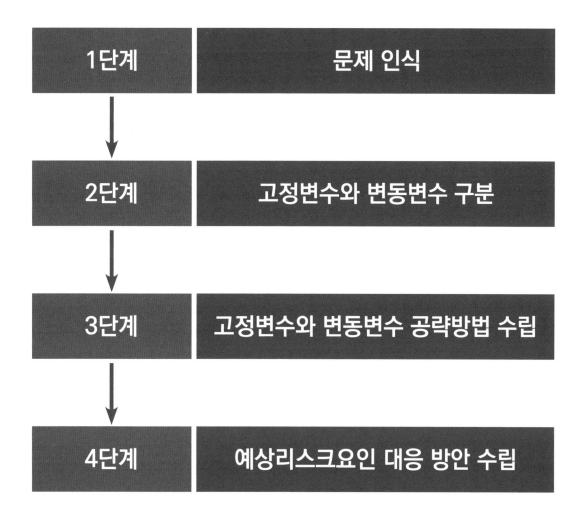

1단계	문제 인식
2단계	고정변수와 변동변수 구분
3단계	고정변수와 변동변수 공략방법 수립
4단계	예상리스크요인 대응 방안 수립

1단계 : 문제의식

- 전략(戰略)을 잘 수립하려면 문제의식이 필요하다.

문제란 무엇인가?

"문제의식을 가져라!", "별문제 없어?" "문제해결방법" 등 ……

문제의식이란 무엇인가?

"문제를 인식할 수 있어야 문제를 해결할 수 있다."

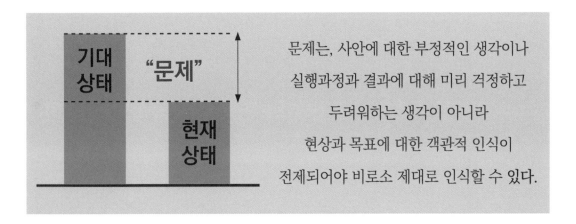

문제는, 사안에 대한 부정적인 생각이나 실행과정과 결과에 대해 미리 걱정하고 두려워하는 생각이 아니라 현상과 목표에 대한 객관적 인식이 전제되어야 비로소 제대로 인식할 수 있다.

문제의식이 없다는 것

- 과제에 대한 현재 상태와 목표수준을 잘 모른다는 것
- 역할 인식이 부족하다는 것

문제의식의 대상이 곧 전략의 대상이다.
문제의식이 없으면 전략을 수립할 수 없다.

2단계 : 고정변수와 변동변수 구분

성과목표조감도 상의 구성요소(변수) 중

달성 난이도가 높은 변동변수가 전략의 핵심대상

성과창출전략의 핵심은 변동변수!

고정변수	변동변수
일상적 노력으로 달성 가능한 구성요소 (시스템화, 매뉴얼화 체크리스트)	창의적, 혁신적 아이디어로 달성 가능한 구성요소

3단계 : 고정변수와 변동변수 공략방법 수립

고정변수 공략방법

- 이미 경험한 일로써 이전에 했던 방법을 더 잘 실행
- 정기적이고 규칙적으로 해 온 방식대로 실행
- 주로 역량이 낮은 구성원에게 우선 배분

변동변수 공략방법

- 성과를 창출하는 데 핵심이 되는 세부목표를 우선순위로 선정
- 주로 역량이 높은 팀원이나 팀장, 상위리더가 직접 실행
- 한정된 자원 때문에 변동요소에 우선적으로 자원을 선택과 집중

4단계 : 예상리스크요인 대응 방안 수립

외부환경요인 대응 방안 수립

- 변수별 성과를 창출함에 있어서, 외부적으로 고객과 거래하거나 이해관계자와 일을 수행하는 데 영향을 미치는 통제 불가능한 고객과 경쟁자요인, 시장정책, 거래국가의 정치사회 등 '환경요인'을 도출하고 각 외부환경요인을 예방하기 위한 대비책을 수립한다.

내부역량요인 대응 방안 수립

- 내부적으로 업무수행 결과물의 품질, 원가, 납기에 영향을 미치는 조직, 인력(리더와 실무자의 역량), 자금, 근무환경, 작업자, 협업, 일하는 방식 등 '역량요인'을 도출하고, 각 역량요인을 예방하기 위한 대비책을 수립한다.

- 개인의 경우, 자신의 역량수준에 대해 항목별 현재 수준을 객관화하고 개발목표를 세워 향상시켜 나가는 것이 목표달성 수준을 높이는 데 결정적인 역할을 한다.

《손자병법(孫子兵法)》, 군형 편(軍形篇 第 四)

勝兵 先勝而後求戰
敗兵 先戰而後求勝

"이기는 군대는 먼저 이겨 놓고 싸우며,
지는 군대는 먼저 싸우고 이기려 한다."

① 핵심 공략 타깃 선정 〉 ② 타깃별 맞춤 공략 방안 수립 〉 ③ 예상리스크 대응 방안 수립 〉 ④ 플랜 B 〉 ⑤ 지원 요청사항 사전 공유 〉 ⑥ 기간별 성과 기획

핵심공략 타깃 선정

- 성과목표조감도에서 전략의 윤곽이 잡힘

성과목표 ↕ Gap 현재 상태

전략 : 성과창출을 위한 공략 타깃을 찾아내는 것

- 고정변수 vs. 변동변수로 나누어 전략 수립

고정변수 공략 전략	가능하면 하위리더 또는 팀원에게 Delegation
변동변수 공략 전략	상위리더나 팀장이 중점을 두어 공략할 창출 전략 : 변동변수 → 고정변수화

타깃별 맞춤 공략 전략 수립

- 당연히 해야 할 To-Do List 나열은 전략이 아님

- 전략은 타깃별 우선순위를 정하고 경영자원의 현황을 파악해 선택과 집중의 원리로 배분하는 것이 핵심

- 타깃별 전략을 수립할 때도 타깃별 기대모습(To-be)과 현재 상태(As-is)를 객관적으로 규명하고 Gap을 공략하기 위한 방법을 찾아내야 한다.

- 늘 경계해야 하는 것은 직관적인 과제 도출이다.

성과창출전략 수립 원리 2/3

1	2	3	4	5	6
핵심 공략 타깃 선정	타깃별 맞춤 공략 방안 수립	예상리스크 대응 방안 수립	플랜 B	지원 요청사항 사전 공유	기간별 성과 기획

예상리스크 대응 방안 수립

- 타깃별 전략에 따라 '예상리스크' 정리

외부환경요인에 의한 리스크
Ex. 고객, 경쟁자, 시장, 정치, 환율 …

내부역량요인에 의한 리스크
Ex. 설비, 자재, 기술, 인력, 예산, 관행, 협업 …

기업 위기, 쇠락 원인 87%는 내부 리스크

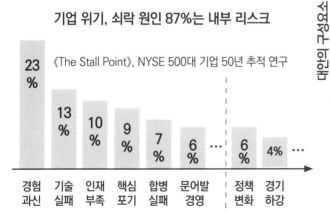

《The Stall Point》, NYSE 500대 기업 50년 추적 연구

23%	13%	10%	9%	7%	6% …	6%	4% …
경험 과신	기술 실패	인재 부족	핵심 포기	합병 실패	문어발 경영	정책 변화	경기 하강

플랜 B 마련

- 1% 실패 가능성 대비, 경쟁에서 이기는 마인드
- 최소 3개월 전부터 대비, 조직 역량 숙성 촉진

선택의 여지

마인의 구성요소		Option 1	Option 2	Option 3
	대상	1-1	2-1	3-1
	상품	1-2	2-2	3-2
	가격	1-3	2-3	3-3
	운영	1-4	2-4	3-4
	재원	1-5	2-5	3-5

선택 옵션의 조합

Plan A	Plan B	Plan C

성과창출전략 수립 원리 3/3

1 핵심 공략 타깃 선정 〉 **2** 타깃별 맞춤 공략 방안 수립 〉 **3** 예상리스크 대응 방안 수립 〉 **4** 플랜 B 〉 **5** 지원 요청사항 사전 공유 〉 **6** 기간별 성과 기획

지원 요청사항 사전 공유

- 역할과 책임 관계(R&R) 이슈

  - **팀 내 협업**
    Ex. 팀내 업무 지원, 전문가 조언,
    업무 시기별 협동
  - **타 부서 협업**
    Ex. 유관부서 팀장 소통, 업무 조정,
    절차 / 규정 변경
  - **이해관계자 협의**
    Ex. 계약 변경 시 팀장 간 협상,
    유력 인사 네트워킹

- 경영자원 확보 이슈

  Ex. 시간(일정), 인력(충원, 배치), 예산,
  필수장비 구매

- 가장 중요한 것 : 상위리더 코칭 요청

  Ex. 필요 지식 / 정보 획득 위한 출장,
  사내외 교육, 싱위리너 코칭 시
  Advisory, 사내외 전문가 소개 등

기간별 과정목표 수립

- 성과창출전략 : 분기 / 월간 단위
  수립 (조직, 개인)
- 캐스케이딩 : 월간 → 주간 / 일일
  단위까지 (개인별)

연간 기획 (핵심과제 수립)		
기간별	과정목표 : 1Q, 2Q, 3Q, 4Q	
월간 성과기획서		
주간 성과기획서		
일일 성과기획서		

성과창출전략 수립 방법

핵심과제 성과목표	성과창출전략 수립	
핵심과제	**핵심과제**	• 대상자의 핵심과제를 적는다 : 선행과제, 당기과제, 개선과제
핵심과제 현황 파악 (As-is)	**성과목표 (KPI + 수치목표)**	• 과제 현황 파악과 과제수행을 통해 기대하는 성과목표를 가급적 핵심성과지표(KPI)와 수치목표 형태로 표현한다.
원하는 결과물 (성과목표, 기대상태, To-be)	**성과목표조감도 (상태적 목표)**	• 성과목표가 이루어진 상태를 세부내역, 세부구성요소 형태로 표현한다.
상태적 목표 (성과목표조감도)	**고정변수 & 변동변수 공략 방안**	• 성과목표와 현재 수준의 Gap을 공략하기 위한 고정변수 공략전략과 변동변수 공략전략을 수립한다. 공략할 대상 타깃과 공략방법을 적는다.
	예상리스크 대응 방안	• 성과창출전략을 실행하는 데 통제 불가능한 예상리스크요인으로 작용할 수 있는 외부환경요인과 내부역량요인을 도출하고 대응 방안을 적는다.
	기간별 성과기획	• 성과목표를 기간별 과정목표로 나누어 분기, 월간 단위로 적는다.

항목	세부내용 : 판매팀 작성 (예시적)			
핵심과제	• 터치스크린 신제품 판매목표 달성 　- 작년 3만 대 대비 금년 8만 대 목표로 …			
성과목표 (KPI + 수치목표)	• (수량) 소형 3개 모델 2.1만 대, 중형 5.5만 대 … • (이익/매출) 소형 15/104억 원, 중형 56/650 … • (점유) 소형 5 →15%, 중형 12% → 22%, 대형 …			
성과목표 조감도 (상태적 목표)	• 세부 모델별 판매목표 세부구성내역 　- 소형 : A-11모델, A-23모델, A-56모델 … 　- 중형 : B-07 ~ B15모델, B31~35모델 …			
고정변수 변동변수 공략방안	• 마케팅 4P 플러스 전략 : Executive Summary			
	Product	Promotion	Price	Place
	소형제품	PC연계 …	A사 대비 …	한국, 일본 …
	중형제품	가전 연계 …	B사 대비 …	중국, 인도 …
	대형제품	CES 출품 …	C사 대비 …	북미, 유럽 …
	기존제품 A	첨부1자료	첨부2자료	첨부3자료
	• 기존 제품 판매 시너지 최대화 및 상세 최소화 …			
예상리스크 대응 방안	• (어부) 판매채널별 유통 제약 리스크 요인 … • (어부) 수출국가별 관세 및 환율 변동 리스크 … • (내부) 생산/품질 리스크 점검 결과 및 대응 … • (내부) 재료비 및 기공비에 따른 판매원가 …			
기간별 액션플랜	• 1Q (비수기) : 평균 판매목표 10% 이상 달성 … • 2Q (평년기) : 누적 판매목표 25% 돌파 위해 …			

항목	세부내용
핵심과제	• 해당연도에 가장 우선적으로 실행해야 할 핵심과제를 지원을 고려해 선정한다.
성과목표 (KPI + 수치목표)	• 과제 현황파악을 통해 과제수행을 통해하는 성과목표를 기금적 핵심성과지표(KPI)와 수치목표의 형태로 표현한다.
성과목표 조감도 (상태적 목표)	• 성과목표조감도는, 성과목표가 달성된 상태를 마치 이루어진듯이 세부내용, 세부구성요소 형태로 표현한다.
고정변수 변동변수 공략방안	• 성과목표와 예상 달성수준의 Gap 해소를 위한 고정변수 공략전략과 변동변수 공략전략을 수립한다. • 공략항 대상 타깃과 공략방법을 적는다.
예상리스크 대응 방안	• 달성전략 실행에서 통제 불가능한 예상리스크요인을 외부환경요소와 내부역량요소로 도출하고 대응 방안을 적는다.
기간별 액션플랜	• 성과목표를 달성하기 위해서 분기별 또는 월단위 세부핵심과제를 적는다.

성과창출전략 수립 샘플 (0000년도)

핵심과제	구분	현황 파악 (현재 상태, As-is)	성과목표 (KPI + 수치목표)	성과목표조감도	성과창출전략	
					고정변수 변동변수 공략	예상리스크요인 대응 방안
미래사업 개발 프로그램 론칭 및 전개 기반 구축 1. 미래사업 개발 WS 2. 특강 / 자문 서비스	연간 단기 과제	・미래사업 개발 론칭 : 5개 사 20명 대상 ・특강 / 자문 활동 미흡, 공동 번역서 : 인지도 제고 → 주요 사업 분야로 정착 필요	1. 미래사업 개발 프로그램 : 교육운영 10개 사, 자문고객 3개 사 이상 2. 고객유형별 특강 / 자문 서비스 발굴 : 5건 이상 3. 번역서 공동 출간	1. 미래사업 개발 프로그램 개최과 정착 ① 직책자 워크숍 (10일 과정, 2회 이상) : 사업컨셉팅, 고객가치 체인, 프로토타이핑, 공급망 설계, 수익모델 수립, 개시툴을 구축, 신사업 조직설계 ② 기업, 기관, 단체응 등 대상 / 니즈 맞춤형 특강 (5건 이상) 2. 대기업, 공기업, 스타트업, 국책기관, 협회 / 단체 각 1건 이상 특강 / 자문 3. 번역서 공동 출간 : 신사업 분야 해외신서 번역 조인 수정 보완, 편점 후 받긴 (~10월)	1. 미래사업 개발 프로그램 (고정) 기존 계약 고객사는 연초 예정대로 득정 진행 (변동) 기업 기간 고객 부상 중이나 기메머다 계약 연결 마음 시 다른 사업 아이템 조기 착수 필요 2. 유형별 기방고객 관계 구축 (변동) : 고객 단체 중심 교류 활동 전개 가능한 사람, 특이 변동변수 없음 3. 번역서 공동 출간 (변동) : 초를 번역 완료 및 교정교열 단계, 편점 후 받긴 확정사항	1. 외부환경 리스크 : 경기 침체 장기화, 급변 사태 외 특이사항 없음 2. 내부역량 리스크 : 글로벌 표준형 프로그램 한국적 상황에 맞게 적용하기 위해 머듈별 테일러링 및 VOC 지속 반영
성과코칭 협회 여 앞식화 방식 개선 1. 운영위 앞식 방식 개선 2. 자격 전문가 참여 활성화	연간 개선 과제	・규정 / Rule 세팅 (인센티브) ・운영위 재편 및 중앙원 (2명) ・사업별 PM 체제 도입, 본격 운영 → 사업별 내용 구체화 기획 / 추진	1. 운영위원회 : 운영위한 상근인우 중심 재편 및 운영 내실화, 개인별 R&R 정립, 실천 (상근 + 비상근) 2. 자격전문가 참여도 제고 : 1인 1사업 / 프로젝트 PM 또는 멤버 참여 (굳자단 10명 이상)	1. 운영위 체계 정립 및 작용 ① Steering : 협회대표, 상임이사, 총괄간사 - 종합적 기획 / 주진 / 조율 / 지원 / 담당 ② 사업별 본부장 / 위원장 선정 - 컨퍼런스위원장(가제표람지기 겸), 희원너양관리본부장, 디지털성과관리본부장 등 1인 1PM 직책 위임 2. 성과굿자단 참여 확대 및 활성화 - 연장 수여자 전원 1인 1사업 이상 참여 - 참여 / 기여에 따른 인센티브 부여	1. 운영위 체계 정립 및 작용 (고정) 상근인우원, 비상근인우원 구축, 상근우, 전제편 구축 운영 (변동) 매월 상근우 개최 : 이슈별 전략 논의 및 의사결정, 분기별 전제안 : 참여 및 지원사항 노의 2. 성과굿자단 참여 확대 및 활성화 (고정) 사업 개인별 참여 / 지원 (변동) 개인별 상황 / 여건에 따른 참여 곡자 및 불참자 가능성	내부역량 리스크 대응 ① 비상근인우원 참여의 저조 / 이탈 가능성 → 신뢰 / 몰입도 있는 상근우원 추가 영입 ② 성과굿자 저조 및 모멀 해지는 → 공개과정을 등 지속적 인제 양성 / 발굴 및 곡자행동준직 적용

CHAPTER
4-2
인과적 실행 사이클
causal eXecution cycle

성과목표와 달성전략이라는 원인(기획)이 결과물로 나타나는
인과적 실행(causal execution)의 핵심이 캐스케이딩과 협업

인과적 실행
"원인에서 결과로"

- 기획(원인, cause)
  성과목표, 달성전략,
  필요자원 의사결정력

- 실행(과정, process)
  기획을 성과로 만들어
  내는 지속적 행동력

- 성과(결과, effect)
  당초 기대하고 원하는
  결과물을 이룬 상태

캐스케이딩
"인과적 실행을 유효하게"

- 상위조직에서 공간적으로
  캐스케이딩된 성과목표를

- 기간별로 캐스케이딩하고
  (연간 → 분기 / 월간 →
  주간 / 일일)

- 부득이한 환경과 상황의
  변화에 맞게 롤링플랜을
  세워서

- 유효한 인과적 실행을 통해
  원하는 성과를 창출

협업
"상하좌우로 협업하여"

- 왜 협업하는가?
  - 수행자 능력과 역량의
    부족, 정해진 기간과
    자원의 한계

- 누구와 협업하는가?
  - 상위리더와 협업
    (70~80%)
  - 부서 내 동료와 협업
  - 유관부서와 협업
  - 외부 협력자와 협업

- 어떻게 협업하는가?
  - 수직적, 수평적 협업의
    원칙과 방법을 익혀

대개 연간목표, 프로젝트목표, 월간 단위 이상의 목표는
구체적으로 수립해야 한다고 생각한다.
반면에, 주간 단위나 일일 단위, 과제(Task) 단위,
일상적으로 반복적으로 수행하는 업무는
일정 정도만 체크하면 된다고 생각해서,
굳이 목표를 설정해야 할 필요성을 잘 느끼지 못한다.
그 이유는, 기간도 짧고 늘 해 왔던 업무라서
눈감고도 할 수 있다고 쉽게 생각하는 것이다.

그런데 일이 끝나고 나서 리뷰를 해 보면,
이미 익숙하게 알고 있는 일에서 실수해서
목표가 제대로 성과로 창출되지 않은 경우가 많다.
실수는 익숙한 일에서 일어나고 실패는 익숙하지 않은 일에서 일어나지만,
문제의 공통 원인은
목표를 세분화해서 기간별 세부목표로 구체화하지 않았다는 것이다.
아무리 목표를 설정하고 일을 한다고 하더라도
실행과정이 목표와 인과적으로 전개되지 않으면
최종적으로 원하는 목표를 달성하기 어렵다.
목표를 성공적으로 달성하려면 전략과 실행계획이 제대로 수립, 실행되어야 한다.
그렇게 되도록 하려면 목표를 세분화된 상태로 구체화하여
작은 목표로 잘게 나누어야 전략적으로 실행하기가 좋다.

캐스케이딩(Cascading)이란?

1. '폭포 같은, 연속적인'이라는 사전적 의미
2. 조직에서는 일반적으로 목표 배분이라는 뜻으로 사용
3. 얼라인먼트(Alignment), 인수분해와 같은 의미
4. 일정기간 동안 상하위조직 간에 역할과 책임에 대한 후행, 선행관계의
   상호연계성을 규명하는 것
5. 상하위조직 간의 공간적 캐스케이딩과
   미래와 현재 간의 시간적 캐스케이딩으로 나눔

디바이딩(Dividing)

- 전체목표를 조직·기간별 1/N 할당
  *캐스케이딩 : 성과목표조감도, 창출
  전략, 조직 / 개인 역량, 업무특성,
  타깃 고려한 R&R(역할과 책임)
  배분 방식

- 성과목표 단위 기간 길수록
  - 원인과 결과 관계 파악 곤란
  - 실행과 몰입 미루기 심리
  ☞ 연간목표 → 월간·주간·일일 단위
    캐스케이딩 필요

Ex. 연 100억 원 매출 → 월별 10억 이상
    본부 50억 절감 → 팀별 10억 이상
    분기 12개 계약체결 → 매월 3개 이상

캐스케이딩(Cascading)

- 공간적 (일반적, 조직적) 캐스케이딩
  - 상위조직 → 하위조직(들) 성과목표 부여
  - 성과목표 : 미들업다운 워크숍
    (톱다운 + 바텀업)
  - 2단계 원칙 : 본부 ⇄ 팀 ⇄ 팀원
  - 상위조직 책임목표 : 직접 책임 및 실행
  - 관리목표 : 모니터링, 지원, 코칭
    (대시보드 활용)

- 시간적 (인과적, 개인적) 캐스케이딩
  - 성과목표 : 연간 ⇄ 반기·월간 ⇄ 주간·일간
  - 누적 성과 리뷰 → 갭 분석 → 롤링플랜

Ex. 전기(분기, 월, 주간) 성과 갭 분석
    → 외부환경 및 내부역량 파악
    → 차기 롤링플랜(성과목표:개선&만회)

공간적 캐스케이딩의 원리

Top-down 또는 Bottom-up 일변도가 아닌

Middle-Up-Down 방식으로 실행

공간적 캐스케이딩 : 상위 / 하위조직 간 Middle-up-Down

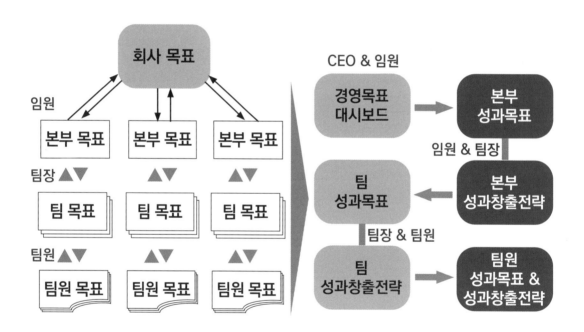

▼ Top-Down : **지시 · 하달,**
▲ Bottom-Up : **보고 · 수합**

Middle-Up-Down
: 회사목표 = 사업부목표 = 팀목표 = 팀원목표

시간적 캐스케이딩의 원리

상위 → 하위 기간 및 선행 → 후행 기간의
성과목표 / 조감도 Rolling이 핵심이다.

시간적 캐스케이딩 : 기간별 아웃풋 관리

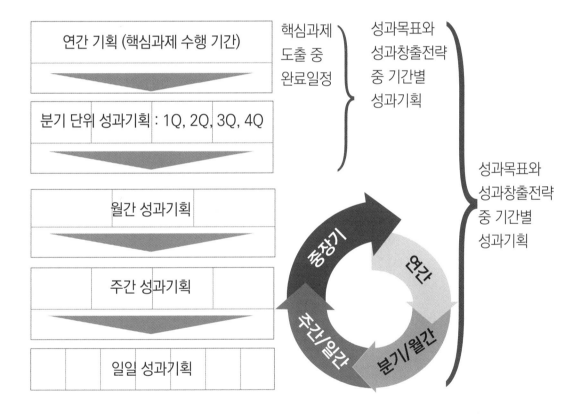

기간별 성과관리 방법 ① 성과기획서
(연간, 분기·월간, 주간, 일일 단위)

| 연간 성과기획, 과제, PJT 성과기획 | 분기·월간 성과기획 | 주간 성과기획 | 일일 성과기획 |

핵심과제	기대하는 결과물 (기간별 성과목표)	마감기한	예상 소요시간	고정변수/변동변수 대응 방안	기간별 성과기획
이번 기간(분기, 월간, 주간)에 가장 우선적으로 해야 할 과제를 근무시간을 고려해 선정 선행과제, 당기과제, 개선과제, 협업과제를 염두에 두고 작성	과제를 완료했을 때 기대하는 결과물을 아주 구체적으로, 세부내역 중심으로 묘사 결과물에 대한 품질 기준, 소요시간을 기재할 수 있으면 기재	기대하는 결과물을 언제까지 완료해야 하는지 마감일정을 구체적으로 기입	기대하는 결과물을 창출하는 데 필요한 예상 소요시간과 항목별 예상소요 시간을 기재	완료일정 안에 예상 소요시간을 지키며 성과를 창출하는 데에 변동변수로 작용 할 변수를 미리 예상해서 도출하고 대응 방안 수립	이번 기간 성과 목표를 달성하기 위해 월간, 주간, 요일별로 성과기획서 작성

성과관리 실행도구 : 분기·월간 성과기획서

핵심과제	기대하는 결과물 (상태적 목표)	완료일정 & 마감기한	예상 소요시간	고정변수/변동변수 구분 변수별 공략 방안	기간별 액션플랜
이번 달에 가장 우선적으로 해야 할 과제를, 근무시간을 고려하여 선정한다. 선행과제, 당기과제, 개선과제, 협업과제를 염두에 두고 작성한다.	과제를 완료했을 때 기대하는 결과물을 아주 구체적으로, 세부내역 중심으로 묘사한다. 이때 결과물에 대한 품질 기준, 소요시간을 기재할 수 있으면 기재한다. 예를 들어, 보고서 작성이라고 한다면 보고서가 완료되었을 때 포함되어야 할 항목과 들어가야 할 내용이 형태로 묘사한다. (대명사 대신 명사로 표현)	원하는 결과물을 언제까지 완료해야 하는지에 관한 일정과 마감일을 구체적으로 기입한다.	원하는 결과물을 완료하는 데 필요한 전체 예상 소요시간과 항목별 예상소요시간을 적는다.	완료일정 안에 예상소요 시간을 지키면서 성과목표를 달성하는 데 문제로 등장할 요소를 미리 예상하여 도출하고 대응 방안을 수립한다.	기간별 성과목표를 달성하기 위해 주간이나 요일별로 성과기획서를 작성한다.

핵심과제	기대하는 결과물 (상태적 목표)	완료일정 & 마감기한	예상 소요시간	고정변수/변동변수 구분 변수별 공략 방안	기간별 액션플랜
이번 주에 가장 우선적으로 해야 할 과제를, 근무시간을 고려하여 선정한다. 월간 성과기획서 내용과 인과적으로 연계해서 작성한다.	이번 주에 과제를 수행한 후에 기대하는 결과물을 구체적으로, 세부내역 중심으로 묘사한다. 월간 성과기획서에서 작성한 완료일정에 따라 이번 주에 반드시 완료할 사항을 고려해 작성한다.	기대하는 결과물을 이번 주 중에 언제까지 완출해야 하는지에 관한 일정과 마감일을 구체적으로 기입한다.	기대하는 결과물을 창출하는 데 필요한 전체 예상 소요시간과 항목별 예상소요시간을 적는다.	완료일정 안에 예상소요 시간을 지키면서 성과물을 창출하는 데 부정적인 영향을 미칠 수 있는 요인을 미리 예상하여 도출하고 대응 방안을 수립한다.	이번 주 성과목표를 달성하기 위해 일자별로 세부 추진계획을 수립한다.

성과관리 실행도구 : 일일 성과기획서

핵심과제	기대하는 결과물	마감기한	예상 소요시간	고정변수/변동변수 구분 변수별 공략방안	기간별 액션플랜
이번 달, 이번 주 성과창출을 위해 오늘 가장 우선적으로 실행해야 할 핵심과제 (3개 내외, 5 ~ 6 시간 분량을 도출하여 적는다.	오늘 과제수행을 하고 나서 오늘 중으로 기대하는 결과물을 가급적 구체적으로 적는다.	과제를 실행하여 기대하는 결과물을 몇 시까지 창출해야 하는지 적는다.	기대하는 결과물을 창출하는 데 걸리는 예상소요 시간을 구체적으로 적는다. 근무시간의 한계가 있기 때문에(일일 8시간이 표준) 전략적으로 우선 순위를 정하여 배분해야 한다.	기대하는 결과물을 창출하는 데 부정적인 영향을 미칠 수 있는 요인을 도출하고 대응 방안을 적는다. 업무수행 지침이나 업무처리 절차는 적지 않도록 한다.	과제가 완료될 때마다 기대하는 결과물이 창출되었는지, 그렇지 않다면 왜 그런지 실행방법의 문제가 무엇인지 적고 개선과제와 만회 대책을 적는다.

기간별 '성과기획서' 양식 및 예시

항목	세부내용 : 공정기술팀 작성 (예시적)
핵심과제 (복합형)	• 생산 공정간 수율관리 상향평준화 달성 - 종합 품질검사 안정화 : 정확도, 예측력 상향 - 기존 공정 Total 수율 목표치 달성(99%) - 공정 관리 주기 동기화 달성(90% 이상)
기대하는 결과물	• 공정 품질검사 및 수율예측 신뢰도 상향 유지 - 검사 정확도 : 전월 97.5%, 금월 98% 이상 … - 수율 예측력 : 예상~실측 오차 1% 이하 유지 … • 기존 / 신규 생산관리 Data 통합 대상 10개 공정 (라인) 중 2개 라인 추가 완료 - 지난 달까지 10개 라인 중 6개 완료 …
마감기한	• 금번 개선과제 전체 완료시점 : 11.30일까지 • 이번 달 완료 일정 : 9.25일 (공정장 월례 보고)
예상 소요시간	• 품질검사 정확도 / 예측력 최종 검증 : 3 Days • 수율 데이터 예측치 ~ 실측치 검증 : 3 Days • 22개 공정 Data 통합 작업: 10 Days (각 5 Days)
성과창출 전략	• 품질검사 및 수율 집계 관련 수작업 개선 : 엑셀 작업 방식 → 공정 소프트웨어 Coding … • 통합 공정관리 전산시스템 순차적 운영에 대비해 …
기간별 핵심과제	• 매주 각 요일 : 공정관리 정례 업무 수행 … • 매주 월·금 : 검사 / 수율 개선, 화·목 : 공정 Data …

항목	세부내용
핵심과제	• 이번 기간(분기, 월간, 주간)에 가장 우선적으로 해야 할 과제를 근무시간을 고려해 선정한다. 선행과제, 당기과제, 개선과제, 협업과제를 업무에 두고 작성한다.
기대하는 결과물 (원하는 결과물)	• 아주 구체적으로, 세부내역 중심으로 묘사하고 결과물의 품질 기준, 소요시간을 기재할 수 있으면 기재한다. Ex. 보고서 작성이라고 한다면 보고서가 완료 시 포함해야 할 항목별 내용이 형태로 묘사 (대명사 대신 명사로 표현)
마감기한	• 기대하는 아웃풋을 언제까지 완료해야 하는지 마감일을 구체적으로 기입한다.
예상 소요시간	• 아웃풋을 완료하는 데 필요한 예상소요 시간과 항목별 예상소요시간을 적는다.
성과창출 전략	• 완료일정 내에 예상소요시간을 지키면서 수행하는 과정에서 변동변수로 등장할 변수를 예상해 대응 방안 수립
기간별 핵심과제	• 기대하는 결과물을 달성하기 위해 월간, 주간이나 요일별로 실행해야 할 핵심과제를 선정한다.

월간 성과기획서 작성 샘플 : OOOO년 OO월

핵심과제	기대하는 결과물 (상태적 목표)	마감기한 (Deadline)	예상소요시간 (Needed time)	고정변수 / 변동변수 & 변수별 대응 방안	주간단위 액션플랜
미래사업 개발 프로그램 론칭 및 전개 기반 구축 (연간 단기과제1)	1. 직책자용 모듈 준비 및 워크숍 진행 ① 사업컨셉 I (2주), ② 사업컨셉 II (3주), ③ 고객 제공 가치 (4주), ④ 프로토타이핑 (5주) 2. 고객 교류 및 대응 전략 회의 : 기망고객 발굴 2개 사 - 기존고객 17개, 기업고객 17개	1-1. ~ 1-4. 매주 금~요일 (2 ~ 5주차) 2. 각주 수요일 (2 ~ 5 주차)	1. 매주 화 ~ 금 - 요일별 3 ~ 8hr. 2. 매주 4hr. 소요 - 이동 : 1.5hr./회	1. (고정) 사업 컨셉 부문 일부 콘텐츠 보완, 양식 개발 (변동) 고객제공가치, 프로토타이핑 추가 자료 반 2. (고정) 기본고객은 연계 및 추진에 의한 발굴 가능 (변동) 기망고객 발굴은 공개과정 등 유선 검토여	· 2주 : 1번 + 2번 · 3주 : 1번 + 2번 · 4주 : 1번 + 2번 · 5주 : 1번 + 2번 * 주 단위 Rolling 필요
성과관리 강의와 교정 서비스 성장 기반 구축 (연간 단기과제2)	1. 비영리기관을 위한 성과관리 특강 ① 의뢰 고객사 협의 : 1주차 ② 맞춤형 교안 준비 : 2주차, 3주차 ③ 강의 수행 : 5.22일 2. 성과코칭 PMP 실습과제 수행 : 미션/비전, 성과목표/SPD, 능력/역량 진단, 핵심과제 도출, 달성전략, 월간/주간/일일 성과기획 및 리뷰	1. 5.22일 2. 5.8(월) ~ 6.7(수)	1-1. 2hr. 1-2. 매일 2hr. : 5일간 10hr. 2. 매일 평균 1hr. : 30일간 30hr.	1. (고정) 기존 교안 활용한 대응 및 관련 경험 있음 (변동) 의뢰사 협의 통해 니즈 파악, 맞춤형 교안 설계, 콘텐츠 개발 2. (고정) 미션/비전, 성과목표/ SPD, 핵심과제 도출, 달성전략은 기업 경험 보유 (변동) 기간별 방법론 작용 방법론 작용 및 기간 간 정렬있음	· 2주차 중점 수행 : 미션/비전, 성과목표/SPD, 능력/역량 진단, 핵심과제, 달성 전략, 월간 성과기획 · 5.7일부터 주간/ 일일 성과기획 수행 * 매주 / 매일 Rolling 필요
역량 진단 및 교육 서비스 다년구축 및 운영 기반 확보 (연간 단기과제3)	1. 협력 파트너십 프로그램 ① 고객 세미나 계획서 (3주차) ② 고객 세미나 강사 섭외 (4주차) 2. 방법론 서적 출간 ① 세부 목차 기획안 수립 (4주차) ② 자료 수집 및 정리(5주차)	1-1. 5.15(월) 1-2. 5.22(월) 2-1. 5.25(목) 2-2. 6.01(목)	1-1. 3주차 : 3시간 1-2. 4주차 : 3시간 2-1. 4주차 : 5시간 2-2. 5주차 : 5시간	1. (고정) 고객세미나 계획서 목차는 파트너 협의 수립 가능 (변동) 강의별 세부내용 및 외부 강사 섭외관련 협업요 2. (고정) 기본 목차(장) 조정 (변동) 장, 편, 절 구성위해 기존 유사서적 분석, 차별화	· 3주 : 1번 · 4주 : 1번 + 2번 · 5주 : 2번 * 주 단위 Rolling 필요

171

주간 성과기획서 & 리뷰 작성 샘플 : 0000년 00월 0주차

핵심과제	기대하는 결과물 (성과적 목표)	마감기한 (Deadline)	예상소요 시간(Needed time)	고정변수/변동변수 & 변수별 대응 방안	리뷰
〈당기과제1〉 미래사업 개발 프로그램 론칭 및 전개 기반 구축	(1) 직책자 워크숍 세션3 준비 • 세션명 : 사업 컨셉 II • Cross-Trial Method • 사업분야 기반 아이템 도출 • 기술Seed 기반 아이템 도출 • Cross-SWOT 기반 연습 • 사업 컨셉 설명 프레임워크 (2) 직책자 워크숍 세션3 진행 • 소속 기관, 직무/전문 분야, 챠이를 고려한 Facilitation • 1차 조면성 및 순환 면성 • 개별학습과 그룹학습 결합 • 사업 컨셉 최종안 도출	(1) 5.18(목) (2) 5.19(금)	(1) 24시간 (2) 6시간	(1) (고정) Cross-Trial Method, 설명 프레임 워크라는 정향적 적용 (변동) 사업분야 기반, 기술Seed 기반, Cross-SWOT 방법의 연계성 확보 위한 검토 보완 (2) (고정) 기본교재 제공, 시간 계획에 따라 실행 (변동) Template 적용 및 개인 / 그룹학습 연계 진행, 학습효과 제고	(1) & (2) 관련 • 성과 : 사업컨셉 II 성료 but 일부 내용 생략 (시간 부족) • 개선 : 실습 항목별 소요시간 관리 • 만회 : 세션4 서두에 포함 (세션4 참고서적 내용 배제)
〈당기과제2〉 성과관리 강의와 코칭 서비스 기반 구축	(1) 비영리기관 특강 준비 • 고객 현황, 최근 트렌드 반영 • 교안 Draft 고객사 송부 • 고객 요청사항 추가 반영 (2) PMP 인정과제 주간 수행 • 미션/비전 ~ 달성전략 보완 • 월간/주간 성과기획 보완 • 일일 성과기획/리뷰 작성	(1) 5.17(수) (2) 5.19(금)	(1) 6시간 (2) 10시간 * 매일 2시간	(1) (고정) 고객 현황, 최신 자료 수립 분석 도출 (변동) 기존 교안과 최신 정보 결합 반영, 고객 중간 피드백 반영 (2) (고정) 미션~전략 보완 (변동) 미션~전략과 기간별 성과기획 연계	(1) 관련 : 고객 요청 사항 반영 및 최종 교안 송부 완료 (특이사항 없음) (2) 관련 : 핵심과제, 달성전략 도출로 기간별 기록 안정화 단계로 진입

일일 성과기획서 작성 샘플 : OOOO년 OO월 OO일

핵심과제	기대하는 결과물	마감기한	예상 소요시간	이슈 및 대응 방안	리뷰
1. 직책자 워크숍 세션4 : 고객 제공 가치 준비 (당기핵심1 관련 일일과제)	(1) 고객 타기팅 개념과 방법 ① 고객특성 타기팅 방법 ② 행동특성 타기팅 방법 ③ 구매특성 타기팅 방법 (2) 개별/그룹과제 사례 조사 ① 자동차 세분시장 사례 ② 행동특성 타기팅 사례 ③ 구매특성 타기팅 사례	08~10시 10~12시	2시간 2시간 *중식 : 12~13시	• 고정 : 고객특성, 행동특성, 구매특성 타기팅 기본 방법 적용 • 변동 : 자동차 세분시장 사례, 행동특성 및 구매특성 타기팅 사례에 기반해 개별 및 그룹 과제 도구 개발	• 기본교재 재해석 통해 학습자 관점 3단계 방법 구체화, 실습 교안 개발 • 사례 일부 보완 필요
2. 리더십 특강 기획 및 협의 추진 (당기핵심3 관련 일일과제)	(1) 강의 주제 기획 초안 수립 ① 리더십 개념과 편집 ② 리더십 변화 흐름 ③ 포용적 리더십 핵심 : What, Why, How (2) 고객사 승부 및 협의	13~16시	3시간	• 고정 : 고객 요청사 및 파트너사 제안서 기본 반영 • 변동 : 임팩트 있는 특강 제목 설정, 세부 강의계획 수립, 협의	• 제목 설정 및 기본 목차 관련, 고객과 공감대 형성
3. 채용 자문사 고객 세미나 기획 / 계획 완료 (당기핵심3 관련 일일과제)	(1) 하반기 고객 세미나 기획 안 자문 및 참여 방안 협의 (2) 세미나 주제별 목차와 기본 내용 및 후보 강사진 결정	16~18시	2시간 *석식 : 18~19시	• 고정 : 채용 유관 주제로 세미나 4회 실시 • 변동 : 월별 강사 후보진 2배수 선정, 협의	• 전체 주제 확정 및 강사 후보군 협의 완료

기간별 성과관리 방법 ② 성과평가서
(일일, 주간, 월간·분기 단위)

일일 성과평가 (약식) > 주간 성과평가 (약식) > 월간·분기 성과평가 > 연간 성과평가

성과평가			자기평가 (실행 조직 / 실무자 기재)			피드백 (상위리더 기재)	
성과목표	달성 성과	갭(Gap)	원인	개선과제	만회 대책	개선과제	만회 대책
분기 초/월 초/주 초에 합의한 성과를 표에 적는다. 중간에 변경했으면 변경목표를 적는다.	객관적인 창출 결과물, 수치를 적는다.	성과목표와 창출성과의 차이를 적는다. 초과했으면 초과한 대로, 미달했으면 미달한 대로 적는다.	성과 초과나 성과창출 부족분의 원인을 분석해서 찾아낸다. 문제를 원인으로 적지 않도록 주의한다.	원인을 해결하기 위한 개선과제를 적고 개선과제의 목표와 실행 완료 일정을 적는다.	성과창출 부족 부분에 대해 언제까지 만회할 것인지 적는다.	실행자가 작성한 성과평가 내용과 성과창출 부족 원인, 개선과제를 바탕으로 근거와 기준을 검증하고 공감된 개선과제와 실행 완료일정과 목표를 적는다.	실행자가 작성한 성과창출 부족 부분을 언제까지 만회할 것인지 작성한 내용을 바탕으로 실현 가능한 것인지 근거와 데이터를 바탕으로 검증한다.

예시 (법인영업팀 작성)

구분	항목	세부내용 : 법인영업팀 작성 (예시적)
과정 성과 평가 (월간)	기대 결과물 (전월)	• 장기계약 표준운영매뉴얼 건셉 잡기 … • 주문품 5만 대 배송, 반품율 5% 이하 …
	달성 결과물 (전월)	• 표준매뉴얼 개발계획안 본부장 보고.. • 주문품 4.8만 대 배송, 반품율 3.2% …
	갭(Gap)	• 표준매뉴얼 : 건셉 수립 및 계획 승인 … • 주문 취소분 2천 대, 반품율은 양호 …
자기 평가 (팀장)	원인	• 매뉴얼 : 분야별 역할분담 협업을 통해 … • 주문 : 고객 변심, 품질문제, 안내 오류 …
	개선 과제	• 표준매뉴얼 개발 시 각종 오류 발생은 … • 고객 / 시장 분석 통한 주문량 예측 체계 …
	만회 대책	• 주문 취소분 2천 대는 당월 소화 예정 … • 고객 주문 안내 오류 예방 교육 실시 …
피드백 (임원)	개선 과제	• 표준매뉴얼 개발 착자로 개발 시 활용도, 접근성에 한계 : 정보시스템 및 전자화 …
	만회 대책	• 월별 주문 대응 분기 / 월 단위 개스케이딩, 대응 시 월간 목표 미달 시 월간 더욱 용이 …

양식

구분	항목	세부내용
과정 성과 평가	기대하는 결과물 기준	• 월 초 / 주 초에 합의한 기대하는 결과물의 기준을 적는다. • 중간에 변경 시 변경 목표를 적는다.
	달성한 결과물	• 객관적 달성 결과물, 아웃풋을 적는다.
	갭 (Gap)	• 기대하는 아웃풋과 달성한 아웃풋 간 차이를 적는다. • 초과했으면 초과한 대로, 미달했으면 미달한 대로 적는다.
자기 평가 (대상자)	원인	• 아웃풋 초과나 미달성 원인을 분석, 문제를 원인으로 적지 않도록 주의
	개선 과제	• 원인 해결 위한 개선과제, 개선목표, 실행 완료일정을 적는다
	보완 대책	• 미달성 부분을 언제까지 보완할지
피드백 (리더)	개선 과제	• 실행자가 작성한 과정성과평가 내용과 아웃풋 미달성 원가, 개선과제를 바탕으로 근거와 기준에 대해 코칭기법을 활용하여 검증한다. • 공감된 개선과제와 실행완료일정과 목표를 적는다.
	만회 대책	• 실행자가 작성한 아웃풋 미달성한 부분을 언제까지 보완할 것인지 실현 가능성을 근거와 데이터를 바탕으로 활용하여 검증한다.

월간 성과평가서 작성 샘플 : OOOO년 OO월

성과목표	성과평가		피드백		
	달성 성과	갭(Gap)	원인	개선과제	만회 대책
(당기과제) 미래사업 개발 1. 직책자 워크숍 세션 4회 완료 : 세션별 맞춤 교안 개발 및 적용, 각 ① 사업컨셉 I ② 사업컨셉 II ③ 고객 제공 가치 ④ 프로토타입 2. 기망 고객 발굴 : 2개 사	1. 워크숍 세션 4회 완료 : 세션별 맞춤 교안 개발 및 적용, 각 세션 성료 2. 기망고객 전략 회의 실시, 고객 발굴 1건	1. 워크숍 기획 대비 실행 완료했으나 참석률은 90% 2. 전략 회의 및 고객 발굴 목표 달성 (50%)	1. 교육생 개인 사유에 따른 결석율 10% 2. 고객 1개 사 연기 요청으로 미확정	1. 교육생 상시 소통 체질 운영해 결석율 최소화 : 단톡방 운영, 교육운영팀 1:1 소통 2. 교육운영팀 : 기망 고객 대상 안내 / 홍보 실시	1. 차별 참석율 95% 달성 위해 수료 요건 안내, 혜택사항 안내 등 직속자 동기부여 강화 2. 유력고객 17개 사 이상 차별 확보
(당기과제) 역량 진단 교육 방법 1. 역량 진단 교육 파트너십 : 고객세미나 시행, 진단툴 개발 착수 2. 역량 진단 교육 방법론 서적 기획안 관련 정보 분석 완료 3. 유관 분야 전문활동으로 트렌드 감지, 공망 달성	1. 하반기 고객세미나 기획안 협의 및 고객 안내 완료(스탠진) 2. 서적 기획안 작성 및 보유 자료 점검 3. HR 전문지 기고 (1회)	1-1. 기획대로 실행, 고객응답율 45% 1-2. 진단툴 : 자료 수집 / 리뷰에 그침 2. 기획안 중 유사 서적 분석 미흡 3. 금번 들어 HR 강의, 자문 활동 저조, 독서 확대요	1. 고객세미나 처음 실시하는 사항이나 관심도(응답율) 제고 필요 2. 유사 서적 정보 수집에 예상소요 시간 초과 사용, 타 과제 대체 수행 등 3. 당기 핵심과제와 연계성 부족한 전문 활동을 최소화	1-1. 고객세미나 주제별 상세 커리큘럼, 강사 소개 등 선행 홍보 실시 1-2. 개선과제 없음 2. 예상소요시간 산정 모든 우선순위 조정 3. 당기/선행 핵심 과제에 연계성 있는 강의, 자문 활동 병행	1-1. 담당자 지원 요청 (6월) 1-2. 진단 Tool 협력사 세부 협의 진행 (6월) 2. 유사 서적 리뷰 통해 신간 서적의 차별성 부각 부분 작성 진행 3. 당기/선행 핵심과제 관련된 최신 전문 서적, 전문지 독서 (6월~)
(당기과제) 성과관리 / 코칭 1. 비영리기관 성과관리 특강 ① 고객 협의 ② 교안 준비 ③ 강의 수행 2. 성과코칭 PMP 실습과제 수행 : 미션 / 비전 ~ 일일 성과기록	1. 비영리기관 성과관리 강의 의뢰 사항에 중요한 강의 실행 (교강사 피드백) 2. 14개 과제 유형별 과제 수행 완료 (6.1일, 6.2일 제외)	1-1. 기획대로 완료 1-2. 차별 신규 고객 의뢰 확정 없음 2. 일일 성과기록 : 선행 작성 어려운 경우, 계획 - 실행 차이 일부 발생	1-1. 비영리기관 선행연구, 고객사 현황 파악 등이 주효, 추가 강의 문의 1-2. 홍보 / 인지도 미흡 2. 당일 오전 일정 있는 경우 메모	1-1. 개선과제 없음 1-2. 기존 고객관계 활용 자체 영업 / 홍보 활동 점진 추진 필요 (6월) 2. 일일 성과기록 리뷰 시, 차별 성과기록 향상 동시에 진행	1-1. 만회 대책 없음 1-2. 6월에는 성과목표 수립해 성과관리, 성과 과정 특강 아주 추진 * 월별 중점사항 Rolling 2. 기한 내 완료 및 제출 : 만회 대책 없음

협업(Collaboration)

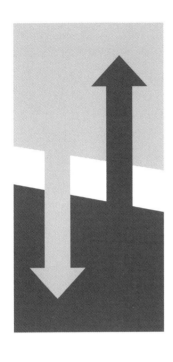

Q. **상하 간, 동료 간 협업이
잘 안 되는 이유는?**

- 리더 – 구성원 관계를 고유한 역할과 책임이
  있는 업무 및 성과창출의 파트너로 인식하지
  않기 때문

- 협업을 요청하는 내용이 구체적이지 않고
  협업 요청을 받은 사람도 구체적인 확인 없이
  협업이 진행되는 경우

- 리더의 지원 없이 타 부서와 개인 수준에서
  협업을 하는 경우

수직적 협업 vs. 수평적 협업

수직적 협업

- 지원 요청 행동
  - 하위조직의 리더나 실무자가 상위조직의 리더에게 부족한 능력과 역량에 대해 지원 요청

- 대표적인 수직적 협업이 성과코칭과 변동변수 대신 실행

- 현실에서는 수직적 협업이 수평적 협업보다 더욱 빈번함(약 70~80%)

- 수직적 협업의 내용
  Ex. 고정보다는 변동변수 대응 전략, 예상리스크 대응 위한 코칭 능력 개발(티칭) 및 역량 훈련(코칭), 팀 내 혹은 타 부서 협업 지원 …

수평적 협업

- 업무 협조 행동
  - 간단한 질문이나 도움부터 시간과 자원이 소요되는 공식적인 업무 협조까지 다양

- 공식적인 수평적 협업은 가급적 상위리더가 협업 당사자에 요청

- 타 부서, 외부 협력업체 협업 사항은 상위리더가 주도

- 성공적 협업의 3대 요인
  ① 배경 / 필요성, 조직 목표 연결성
  ② 명확한 요청 내용, R&R, 완료일정
  ③ 감사 표현, 상호성(Give & Take)

수직적·수평적 협업 활성화의 당위성

협조·협동(cooperation)의 시대에서
정교한 협업(collaboration)의 시대로 빠르게 변화하고 있다!

수직적·수평적

협업이 갈수록

중요해지는

이유는?

√ 업무의 전문화, 세분화 심화

- 역동적인 내외부 업무 상황 변화로 정례 업무분장 방식 한계
- 성과창출 및 워라밸 병행 추구 : R&R 기반 협업 Needs 증대

√ 사전에 역할과 책임, 능력과 역량을 검증하기 어려움

- 여러 과제 동시 수행하는 애자일 조직 운영 방식 확대
  → 개인별 능력과 역량을 사전에 정확히 파악해 운영 어려움

√ 숲 속에 있으면 나무만 보일 뿐 숲 전체가 보이지 않는다

- '위치와 기준' 문제 ① : 상위조직 성과기준은 상위 리더가 정통
- '위치와 관점' 문제 ② : 과제 당사자는 객관적 시각 견지 한계
  → 업무티칭 및 성과코칭 통한 수직적인 협업 필요성 상존

수직적·수평적 협업의 원리와 방법

개인 수준 협업에도 협업 기본내용 상호 확인,

조직 수준 협업 시 세부내용까지 기획 필요

수직적·수평적 협업(심플한 경우)

협업 요청자(조직)의 요구사항

무엇을
협업을 요청하는 과제의
구체적 내용

언제까지
요청하는 완료 시점
또는 마감기한

왜
협업 과제의
수행 이유, 배경, 목적

협업 대상자(조직)의 확인사항

협업 결과물
요청 과제 완료 시 기대 결과물
: 실행자가 생각하는 결과물의
  세부내역

성과창출 전략
협업을 요청하는 과제의
구체적 내용
: 협업 결과물의 달성 전략
  및 액션플랜

지원 요청
협업 요청자의 지원이
필요한 사항
: 협업 요청자의 소속 리더에게
  제시(권장사항)

수평적 협업(복잡한 경우)

협업 요청 과제
• 협업 요청 과제의 구체적 내용
• 요청자와 대상자 R&R 분담 사항
• 상위조직 또는 리더 지원 사항

요청 과제 관련 현황
• 협업 관련 이해관계자 요구사항
• 협업 대상자 / 조직, 상위조직의
  관련 성과목표
  (Win-Win 포인트)

협업을 통해 기대하는 결과물
• 협업 기대 결과물의 내역과 기준
  * 협업 대상자 / 조직 상황
    고려해 제시

협업 완료일정
• 협업 최종 완료 기일(납기)
• 협업 기간, 일정, 과정목표

지원 요청사항
• 협업 대상자 소속 조직의
  지원사항
  * 협업 요청자 소속 조직의
    지원사항

수직적·수평적 협업의 양식 및 예시

	항목	세부내용 : 기획팀 & 개발팀 (예시적)
협업 요청자 요구사항 (기획팀 작성)	무엇을? (What)	• 하이터치 태블릿 신상품(13인치)은 7월 본격 시판 예정, 하반기엔 소형 태블릿(10인치) 개발 가속화해 내도록…
	언제까지? (When)	• 3분기(9월말) : 소형 신모델 설계를… • 4분기(11월말) : 신모델 시제품 양산… * 개발팀 주도 – 판매, 서비스팀 지원…
	왜? (Why)	• 상품기획–신제품개발–판매–서비스 동시 엔지니어링 도입으로 신모델 출시와 차세대 제품 선제적 동시 개발…
협업 실행자 실행 기준 (개발팀 작성)	기대하는 아웃풋, 결과물 (상태적 목표)	• (설계 전략) 선도 경쟁사 대비 사양… • (동시 공학) 건설 개발 단계에서 판매, 공정, 서비스, 품질 부서 간 상시 정보… • (가성비) 재료비, 가공비, 물류비 이슈…
	달성전략 실행방법 (How To)	• 기획팀 주관, 개발팀 공동 주관, 판매팀, 서비스팀, 공정팀 참여로 소형 태블릿 프로젝트 Kick-Off (6월 5일) • 소형 시제품 설계 및 테스트(~9월) • 공정팀 협동 양산체제 구축(~11월)
	지원 요청사항	• 당사 설계 역량은 최고사양 개발 기능 핵심은 가성비 있는 신제품 양산 여부 • 기획팀에서 구매팀도 동시 참여토록…

	항목	세부내용
협업을 협업할 조직 / 사람의 요구 사항	무엇을? (What)	• 협업을 요청함(받은) 과제를 구체적으로 적는다.
	언제까지? (When)	• 언제까지 완료해야 하는지 날기를 적는다.
	왜? (Why)	• 협업과제 수행 이유나, 배경, 목적 등을 적는다.
협업을 실행할 조직 / 사람의 실행 기준	기대하는 아웃풋, 결과물 (상태적 목표)	• 협업 대상자가 생각하기에 요청받은 과제를 완료했을 때 기대하는 결과물이 모습을 구체적으로 세부내역의 형태로 나옴. • 동사나 대명사로 적지 말고 명사로 적도록 한다.
	달성전략 실행방법 (How To)	• 협업 대상자가 생각하기에 원하는 결과물을 달성하기 위한 달성전략과 액션플랜을 적는다.
	지원 요청사항	• 달성전략과 액션플랜대로 실행할 때 협업을 요청한 사람이 지원해 주셨으면 하는 요청사항을 적는다.

항목	세부내용 : 본사 재무팀 작성 (예시적)
협업 요청 과제 (5개 사업 본부 각 운영팀)	• 회사 자금운영건전성(ROIC) 개선 위한 각 본부 재무 성과향출전략 제출 … • ROIC의 14개 세부지표 중 경쟁사 A 대비 우위 / 열위 세부항목별 원인분석과 대책 … * 특히, 매출채권회전율, 재료비비율, 판관비율 …
협업 요청 대상자의 관련 성과목표	• ROIC는 EVA와 함께 독립채산형 본부제를 운영 중인 각 본부 최상위 BSC 지표 … • 분기별 본부 단위 Dashboard를 월단위로 … • 제품별 / 모델별 활동원가 평가 실시 …
협업 통한 기대 아웃풋	• 사업 Unit 단위로 상세 경영성과 진단 및 분석을 통해 매출규모는 1위 복귀했지만, 수익성은 6년 연속 3위인 현상 탈피 … • ROIC 종괄지표 및 14개 세부지표별 과거 2년간 분기별 변동 추이, 금년도 월별 추이 및 전망, 내년도 분기별 전망 • 본부 진단 및 전략방안, 전사적 협업 사항 …
협업 완료일정	• CEO 보고 준비를 위한 설명회의 : 9.1일 • 본부별 방안수립, 재무팀 협의 : ~ 10.15일 • CEO 보고 : 10.18일 * 월단위 대시보드 운영
협업 대상자의 지원 요청사항	• 금번 본부별 재무전략 CEO 보고 후 승인사항 중심으로 본부별 재무목표 Rolling • 본부별 고정자산 관리 고통사항 후속 보고

항목	세부내용
협업 요청 과제	• 교정대상자의 성과목표를 달성하는 데 필요한 타 조직의 협업이 필 요한 과제를 구체적으로 적는다.
협업 요청 조직(대상 자)의 관련 성과목표	• 협업 요청 과제의 후행 성과목표를 적는다.
협업을 통해 기대하는 아웃풋	• 협업을 요청한 타 조직이나 담당 자에게 협업을 통해 기대하는 구 체적인 결과물의 기준을 적는다.
협업 완료일정	• 기대하는 협업과제 완료일정을 적는다.
협업 대상자 (조직)의 지원 요청사항	• 협업을 해 주는 타 조직의 지원 요청사항을 적는다.

적용해 봅시다

R&R Sketch Paper를 활용하여 3가지 상황별 협업 방안을 수립해 봅시다.
 ① 상위리더와 하위리더 간 수직적 협업 상황
 ② 동일 부서 내 동료 간 수평적 협업 상황
 ③ 소속이 서로 다른 동료 간 수평적 협업 상황

협업 대상자에 대한 요구사항 (협업 요청자 작성)		협업 요청자에게 확인할 사항 (협업 대상자 작성)	
1. 무엇을? (What)		4. 기대하는 결과물 (상태적 목표)	
2. 언제까지? (When)		5. 성과창출 전략 / 공략방법 (How To)	
3. 왜? (Why)		6. 지원 요청사항	

CHAPTER
4-3

리뷰 사이클
Review cycle

[STEP 5] 성과평가와 피드백

리뷰란, 처음의 성과목표 대비 실제 성과의 갭과
그 원인을 분석하고 개선과제를 찾는 활동이다.

성과평가

성과평가

- 성과 Gap 세부내역 및 원인
  분석
  * 내부요인(main), 외부영향

- 주요 내용 : 결과물의 양과
  질, 납기 준수, 소요시간 /
  자원 등

전략평가

- 사전 기획한 달성전략 vs.
  실제 실행전략의 차이 분석
  * 타깃 선정, 공략방법,
  리스크 대응

실행평가

- 공간적, 시간적 캐스케이딩
  (기간별 아웃풋 관리), 수평적
  협업 및 코칭과 권한위임
  과정

피드백

피드포워드

- 모든 피드백은 피드포워드가
  필수 전제가 되어야 함
  * 피드백만 하는 것 :
  단순평가, 사후약방문식
  처방

과정평가

- 성과창출 프로세스별로 역할
  수행 완료 시점마다 수행

- 성과 / 전략 / 실행 리뷰 내용
  을 연중 과제수행자와 공유

최종평가

- 과제 완료 시점의 종합적
  피드백 : 개선 & 만회에 초점

개선, 만회, 진단

개선과제

- 지난 기간 성과 부진 원인의
  해결책 도출, 차기 영향 예방
  * 일하는 프로세스, 능력 /
  역량 부족

- 개선과제 성과목표 /
  완료일정

만회 대책

- 영업, 생산 등 연속적 업무
  : 미달성 성과를 차기에 이월

- 기획, 지원 등 비연속적 업무
  : 미흡한 사항을 차기에 보완

역량 진단

- 개인별 역량 향상 과제(main)

- 팀 / 조직 차원 역량 향상 과제

☞ 과정평가 : 전략 + 실행(프로세스) 평가   ☞ 피드백 : 과정 피드백 + 최종 피드백

성과평가와 피드백의 원리 : 객관성 성과 수준 및 Gap 분석

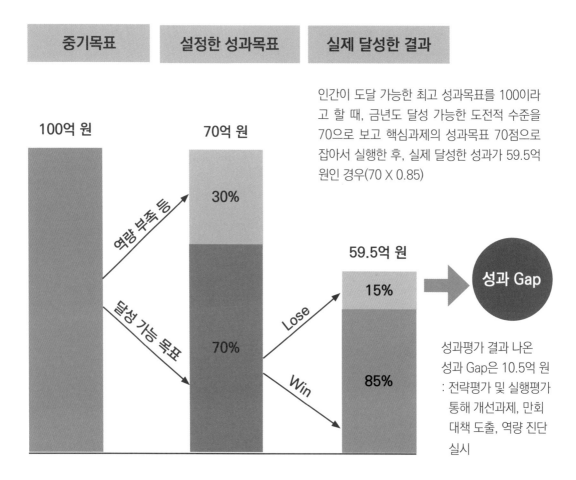

중기목표

설정한 성과목표

실제 달성한 결과

인간이 도달 가능한 최고 성과목표를 100이라고 할 때, 금년도 달성 가능한 도전적 수준을 70으로 보고 핵심과제의 성과목표 70점으로 잡아서 실행한 후, 실제 달성한 성과가 59.5억 원인 경우(70 X 0.85)

100억 원

70억 원

59.5억 원

역량 부족 등

달성 가능 목표

30%

70%

Lose

Win

15%

85%

성과 Gap

성과평가 결과 나온 성과 Gap은 10.5억 원 : 전략평가 및 실행평가 통해 개선과제, 만회 대책 도출, 역량 진단 실시

성과평가와 피드백의 원리 : 원인 파악, 대안 수립 및 팔로업

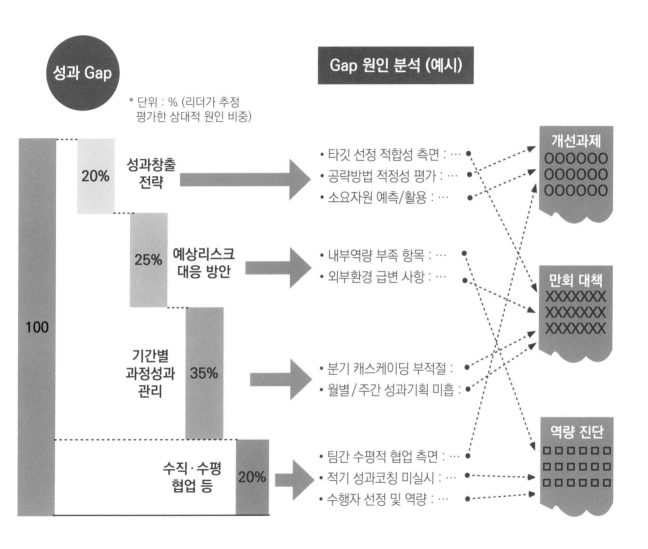

성과 Gap

* 단위 : % (리더가 추정 평가한 상대적 원인 비중)

Gap 원인 분석 (예시)

20%	성과창출 전략
25%	예상리스크 대응 방안
35%	기간별 과정성과 관리
20%	수직·수평 협업 등

100

- 타깃 선정 적합성 측면 : …
- 공략방법 적정성 평가 : …
- 소요자원 예측/활용 : …

- 내부역량 부족 항목 : …
- 외부환경 급변 사항 : …

- 분기 캐스케이딩 부적절 :
- 월별 / 주간 성과기획 미흡 :

- 팀간 수평적 협업 측면 : …
- 적기 성과코칭 미실시 : …
- 수행자 선정 및 역량 : …

개선과제
OOOOOO
OOOOOO
OOOOOO

만회 대책
XXXXXXX
XXXXXXX
XXXXXXX

역량 진단
□□□□□□
□□□□□□
□□□□□□

성과평가와 과정평가 양식 및 예시

세부내용 : 마케팅팀 작성(예시적)

항목		세부내용 : 마케팅팀 작성(예시적)
대상자 (1차 자기 평가)	합의 성과목표	• 핵심고객 계약 물량 감소폭 최소화 　– 연간계약물량 대비 90% 수준 이상 　– 제품별 계약물량 대비 방어 목표 : …
	실제 달성성과	• 핵심고객(107개) 전체 계약 이행률 : 85% 　– 계약 초과 이행 : 3개 사, 각사별 원인 … 　– 계약 미달 이행 : 7개 사, 각사별 원인 …
	성과 Gap	• 전체 계약 이행률 : 고객사 종합지표 (만$) <table><tr><td>핵심고객</td><td>G사</td><td>H사</td><td>P사</td><td>S사</td><td>K사</td><td>J사</td><td>…</td></tr><tr><td>성과목표</td><td>80.2</td><td>78.8</td><td>39.6</td><td>47.5</td><td>58.8</td><td>32.5</td><td>…</td></tr><tr><td>실제 성과</td><td>82.1</td><td>75.5</td><td>49.7</td><td>55.1</td><td>45.3</td><td>28.4</td><td>…</td></tr><tr><td>Gap</td><td>1.9</td><td>-3.3</td><td>10.1</td><td>7.6</td><td>-13.5</td><td>-4.1</td><td></td></tr></table>
	과정평가	• 고객 · 모델별 이행률 추기(월별): 첨부 참조 • 고객사별 혁신팀의 Pain Points 분석결과 … • 전략 측면 : 시황 전망, VOC 분석 통해 … • 프로세스 측면 : 월 단위 사후 롤링 방식 … • 성과직 측면 : 당초 120% Stretch 목표로서 …
리더의 코칭		• 선제적 시나리오 설정, 대응하여 최악의 상황은 피함 • 기존 G, H사 대비 P사, S사 판매비중 지속 확대 추진 • 계약이행부서가 수행책임됨이 되어, 계약설계부서, • 물류부서, 품질부서와 협업으로 개선과제 도출해 …

세부내용

항목		세부내용
대상자 (1차 자기 평가)	사전합의 성과목표	• 일을 하기 전에 합의한 성과목표를 그대로 적는다.
	실제 달성성과	• 사전에 합의한 기준 대비 실제 달성한 결과물의 내용을 실적이 아니라 결과물이 형태로 적는다.
	Cap	• 차이가 얼마나 나는지 구체적으로 적는다.
	과정평가	• 성과관리 프로세스를 제대로 준수했는지 과정목표에 대한 중간평가를 제대로 실행했는지 객관적 사실 기입
리더의 코칭		• Advisor는 코칭대상자가 기술한 1차 평가내용이 기준에 부합하는지에 대해서만 평가하고 의견 서술 내용에 대해서는 언급하지 말 것

개선과제 & 만회 대책 양식 및 예시

	항목	세부내용 : 전략팀 작성 (예시적)
자기 평가 (대상자)	사전 합의 성과목표와 실제 달성한 성과의 Gap	• 고객요구 실시간 대응체계 구축 - 고객대응 리드타임 : 성과목표 15일, 설문조사 20일, 방문조사, 30일 - 성과목표의 갭 : 15일 (평균 25~15일) - 측정방식의 갭 : 10일 (평균 20~15일) *경쟁사 고객대응 리드타임 : 평균 17일
	원인 분석	• 기술협업 : 분기 단위 개발계획 운영 … • 고객지원 : 주문-생산-A/S 분산 처리 … • 생산대응 : 유연생산 시스템 운영성 …
	과정평가의 내용 중에서 미흡한 내용	• 전략평가 : 전략팀이 control tower 역할하지만 실제 실행은 부서별로 … • 실행평가 : 고객별 대시보드 시스템 구축 지연으로 이메일 의존해 정보 …
	개선과제	• VOC Dashboard 조기 개발(3분기) - 접수, 처리, 팔로업 프로세스의 One-Stop 처리, 실시간 모니터링 … - Pain Point 대응 : 주단위 롤링..
	보완 대책	• 고객중심 애자일 조직 도입 추진 - 전략팀에 실질적 조정 권한 부여 - 부서별 고객대응 과제 연동 받음 … - 각 팀장이 직접 과제책임 수행 …
리더의 코칭		• 고객조사 : 핵심고객은 전수조사 및 방문조사 연계 … • 전략팀 : 대시보드 단계적 오픈, 주 단위 롤링 운영 …

	항목	세부내용
자기 평가 (대상자)	사전 합의 성과목표와 실제 달성한 성과의 Gap	• 사전에 합의한 성과목표를 쓴다. • 실제 달성한 결과물인 성과를 있는 그대로 적는다. • 차이가 얼마나 나는지 구체적으로 적는다.
	원인 분석	• 차이가 나는 원인이 무엇인지를 나타난 현상만 보지 말고 근원인 원인을 찾아야한다.
	과정평가의 내용 중에서 미흡한 내용	• 성과관리 프로세스 단계별로 제대로 실행됐지 못한 부분을 적는다. • 성과목표를 실행하는 과정에서 놓친 부분을 적는다.
	개선과제	• 성과 부진의 원인을 해결하기 위한 능력이나 역량, 업무 프로세스 부분에서 개선할 과제를 적는다. • 성과관리 프로세스 단계 중에서 제대로 실행할 단계를 과제화 한다.
	보완 대책	• 성과 미달성 부분 중에서 다음 기간에 추가 보완을 반드시 해야 하는 부분이 있다면 기간과 달성 목표를 명시하여 달성하도록 한다.
리더의 코칭		

피드백과 피드포워드(Feedback vs. Feedforward)

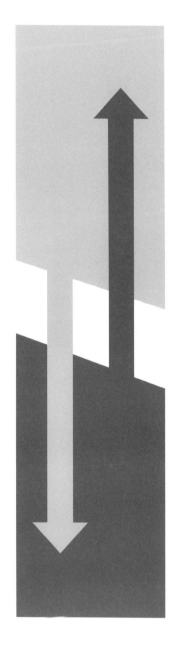

Q. 피드백을 했지만 효과가 없는 경우는?

- 사전 합의한 성과목표(상태적 목표, 성과목표조감도)와 실행과정(캐스케이딩)이 아닌 결과만 보고 피드백하는 경우
- 실행자의 역할과 책임이 아닌 리더의 주관적 기준으로 피드백
- 예상치 못한 외부환경요인, 부족한 내부역량요인에 대한 분석, 인정 없이 실무자 개인에게 원인을 돌리는 경우

Q. 피드백보다 피드포워드가 중요한 이유는?

- 피드포워드 없이 피드백에만 초점을 두면 '소 잃고 외양간 고치기 식', 사후약방문이 되기 때문
- 상태적 목표, 인과적 성과창출전략, 예상 리스크 대응 방안을 미리 고려해 선제적으로 대응하는 것이 훨씬 효과적이므로
- 피드포워드 → 피드백 방식이 피드포워드 없는 피드백보다 공정하고 수용성도 높기 때문

피드포워드와 피드백(Feedforward vs. Feedback)

피드포워드(Feed-forward)	피드백(Feed-back)
미래에 달성하고자 하는 성과목표의 달성 가능성을 높이기 위해 일을 수행하기 전에 **명확한 목표**를 제시하고 중점적으로 공략해야 할 대상, 일정, 자원 등 **전략과 방법**에 대해 구성원이 스스로 현장과 현상 중심으로 수립할 수 있도록 코칭하는 것	과제(역할) 수행 후, 해당 과제가 당초 목표한 대로, 계획대로 수행되었는지 성과와 전략을 리뷰(Review)하고 원하는 성과가 나오지 않았을 경우 실행한 전략과의 인과관계를 분석하여 **개선해야 할 과제**와 **만회해야 할 대책**을 구성원이 인식할 수 있도록 코칭해 주는 것
"미래에 대한 Preview"	**"과거에 대한 Review"**

현재 수행 중인 업무, 과제에서 피드포워드와 피드백은 어떻게 이루어지는지 점검해
봅시다.

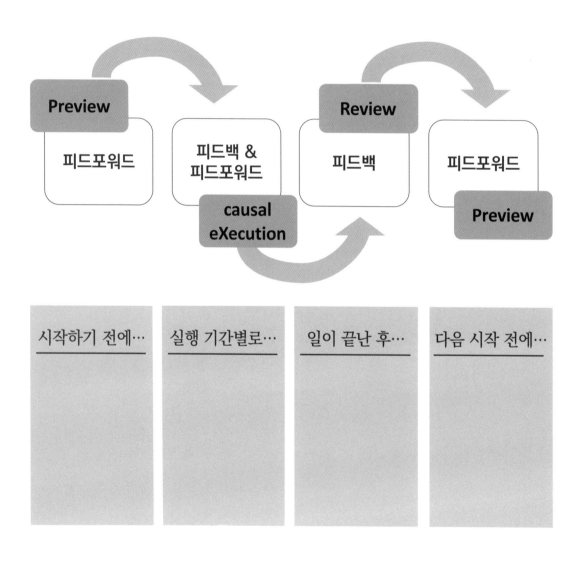

피드포워드, 피드백의 적용 기준 예시

일의 수행 과정에 따라 어떤 내용의 피드포워드와 피드백이 필요할까요?

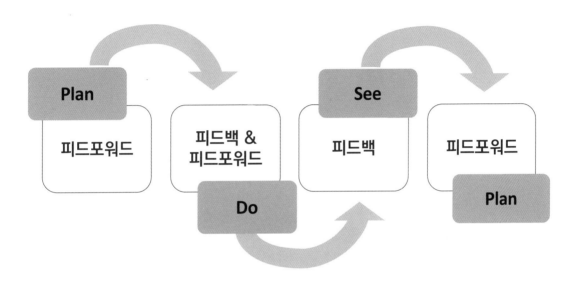

시작하기 전에…	실행 기간별로…	일이 끝난 후…	다음 시작 전에…

• 상태적 목표
• 성과창출전략
• 예상되는
  리스크와
  대응 방안
	• 기간 목표 대비
	  성과 Gap
	• Gap 발생 원인
	• 개선과제
	• 만회 대책
		• Gap 원인 분석
		• 실행 과정평가
		• 최종성과평가
		• 만회 대책
			• 직전 과제와
			  연동된 경우
			• 직전 과제와
			  연계성 없는
			  별도 과제인 경우

"어제와 같은 오늘을 보내면서
다른 내일을 기대하는 것은
정신병 초기 증세이다."

- 아인슈타인(Albert Einstein) -

어제와 다른 삶을 사는 방법

	이번 달	다음 달
일관리		X : 하지 말아야 할 일 O : 새롭게 해야 할 일 → : 개선해야 할 일
관계관리		X : 하지 말아야 할 일 O : 새롭게 해야 할 일 → : 개선해야 할 일
자기관리		X : 하지 말아야 할 일 O : 새롭게 해야 할 일 → : 개선해야 할 일

CHAPTER

5

중장기 및 연간
성과목표와
전략과제 도출 방법

기간별 성과관리 얼라인먼트(Alignment)

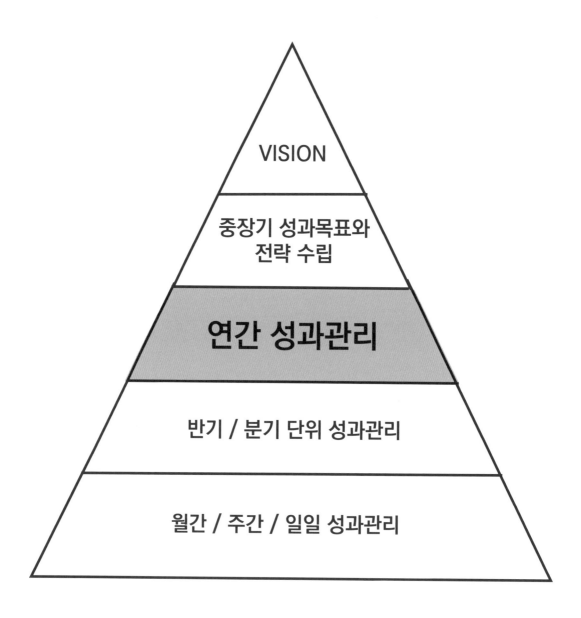

조직 성과의 Preview, eXecution, Review 사이클

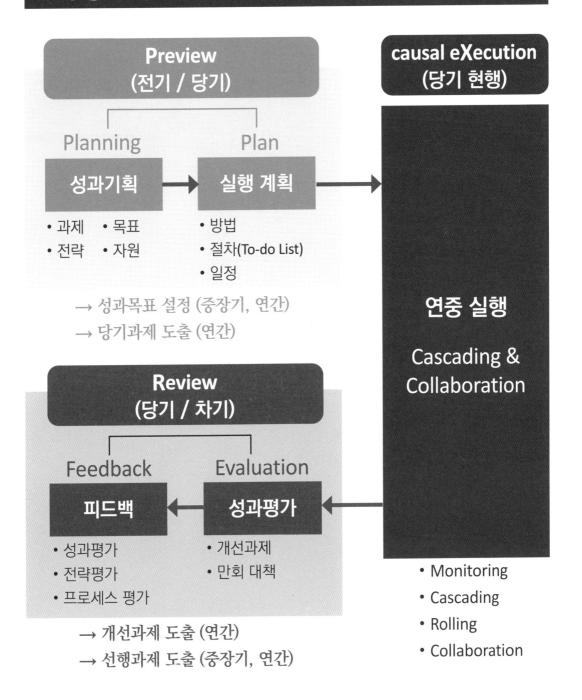

1. BSC 경영

1. 기획(Planning)

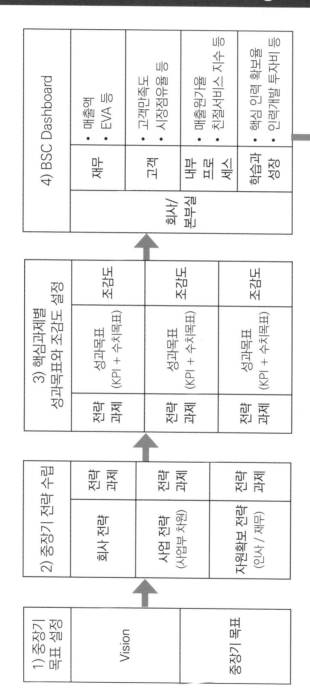

1. MBO 경영

2. 계획(Plan) ｜ 3. 실행(Execution) ｜ 4. 평가(Evaluation) ｜ 5. 피드백(Feedback)

5) 연간 성과목표 설정과 액션플랜 수립

팀 / 팀원		액션 플랜
전략 목표	성과조직의 성과목표 달성과 연계	액션 플랜
본연 목표	단위조직의 자체 전략과 연계	액션 플랜
공헌 목표	타 부서의 성과목표와 연계되어 제시된 임무	액션 플랜

6) 성과목표 실행

- 성과목표의 실행, 진행 상태를 정기적으로 모니터링
  - 월별 KPI 모니터링
- 월별 성과목표 Cascading / Rolling
  - 월별 W/S
  - 사업부 / 팀 월별 성과창출전략 수립

7) 평가
(반기 / 분기 / 월)

- 목표대비 성취 평가
  - 성과평가
  - 전략평가
- 역량평가
  - 성과에 직접적인 영향을 미치는 선행 전략과제 실행 여부 평가

8) 피드백

- 성과 피드백
  - 개선과제 (장애요인 해결)
  - 만회 대책(미달성 목표 달성 방안 수립)
- 역량 피드백
  - 인재 육성(교육훈련, CDP 등)에 반영

201

연간 성과목표 설정 프로세스

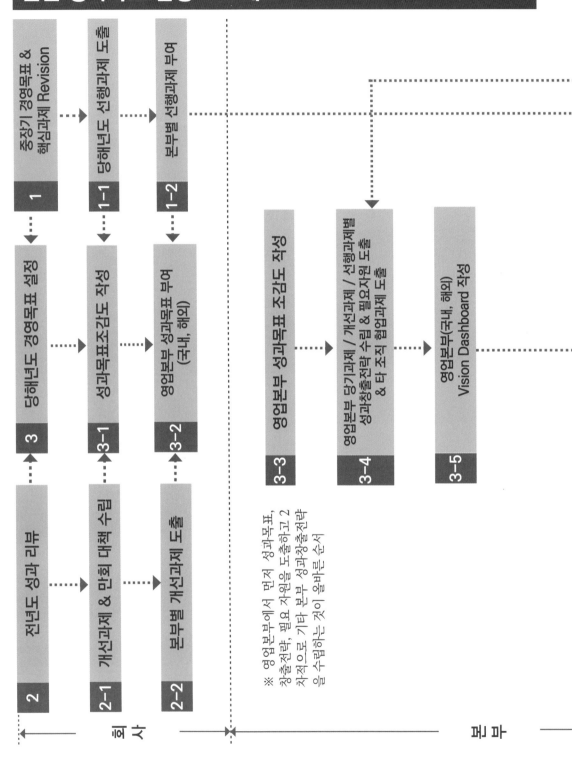

1 중장기 경영목표 & 핵심과제 Revision

1-1 당해년도 선행과제 도출

1-2 본부별 선행과제 부여

2 전년도 성과 리뷰

2-1 개선과제 & 만회 대책 수립

2-2 본부별 개선과제 도출

3 당해년도 경영목표 설정

3-1 성과목표조감도 작성

3-2 영업본부 성과목표 부여 (국내, 해외)

3-3 영업본부 성과목표 조감도 작성

3-4 영업본부 당기과제 / 개선과제 / 선행과제별 성과창출전략 수립 & 필요자원 도출 & 타 조직 협업과제 도출

3-5 영업본부(국내, 해외) Vision Dashboard 작성

※ 영업본부에서 먼저 성과목표, 창출전략, 필요 자원을 도출을 하고고 2 차적으로 기타 본부 성과창출전략 을 수립하는 것이 올바른 순서

회사

본부

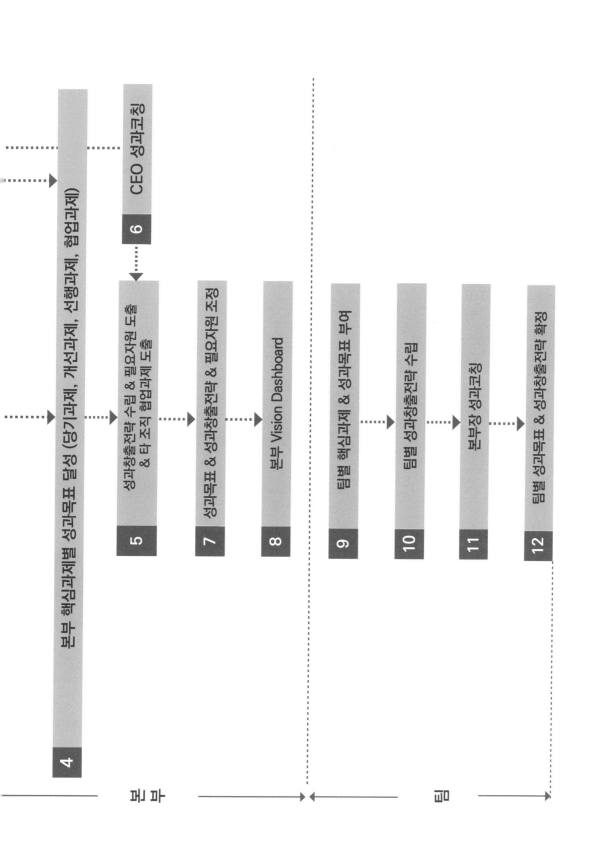

본부 핵심과제별 성과목표 달성 (당기과제, 개선과제, 선행과제, 협업과제)

4

6 | CEO 성과코칭

5 | 성과창출전략 수립 & 필요자원 도출 & 타 조직 협업과제 도출

7 | 성과목표 & 성과창출전략 & 필요자원 조정

8 | 본부 Vision Dashboard

9 | 팀별 핵심과제 & 성과목표 부여

10 | 팀별 성과창출전략 수립

11 | 본부장 성과코칭

12 | 팀별 성과목표 & 성과창출전략 확정

본부

팀

연간 성과관리의 핵심 : Review & Preview

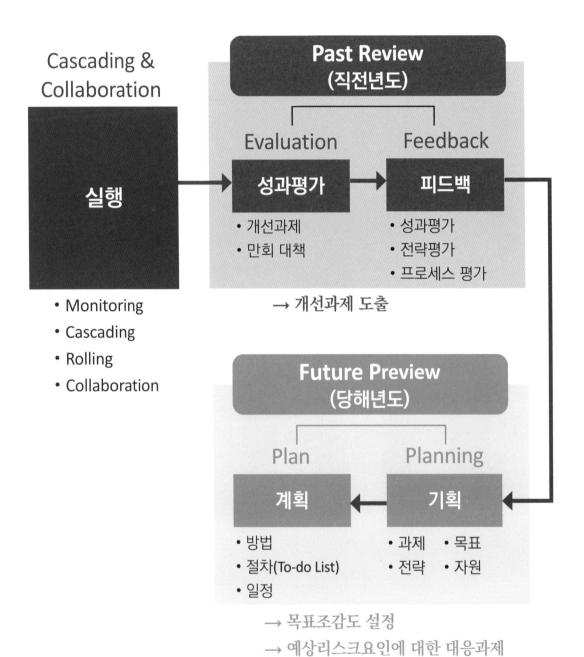

Cascading &
Collaboration

Past Review
(직전년도)

Evaluation   Feedback

실행

성과평가 → 피드백

- 개선과제
- 만회 대책

- 성과평가
- 전략평가
- 프로세스 평가

→ 개선과제 도출

- Monitoring
- Cascading
- Rolling
- Collaboration

Future Preview
(당해년도)

Plan   Planning

계획 ← 기획

- 방법
- 절차(To-do List)
- 일정

- 과제
- 전략

- 목표
- 자원

→ 목표조감도 설정
→ 예상리스크요인에 대한 대응과제

Review & Preview Viewpoint

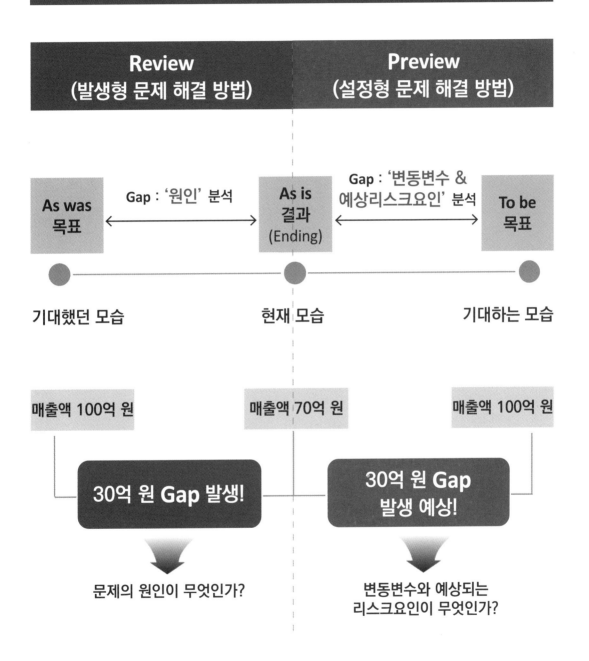

1. 중장기 성과목표와 비전 대시보드(Vision Dashboard) 작성

비전 달성을 위해 설정한 중장기 성과목표 (당해년도 +3년)	직전년도 말 추정성과

중장기 성과목표와 비전 대시보드 작성 가이드

비전 달성을 위해 설정한 중장기 성과목표 (당해년도 + 3년)	직전년도 연말 추정성과
• 비전 설정과 중장기 목표 수립은 조직 계층별로 상호 연계해서 설정해야 한다. • 즉, 상위조직과 하위조직의 비전과 중장기 목표가 공간적으로, 조직적으로 캐스케이딩되어야 한다. • 회사 차원에서 설정한 전사 비전과 중장기 목표는 회사 차원의 선행과제를 도출하는 근거가 되고, 본부별 비전과 중장기 목표의 근거가 된다. • 본부별로 설정한 본부 비전과 중장기 목표는 본부의 선행과제를 도출하는 근거가 되고, 팀별 비전과 중장기 목표 수립의 근거가 된다. • 팀별로 설정한 팀 비전과 중장기 목표는 팀의 선행과제를 도출하는 근거가 되고 개인별 비전과 중장기 목표 수립의 근거가 된다. • 개인별로 설정한 업무 비전과 중장기 목표는 개인별 선행과제를 도출하는 근거가 된다.	• 비전과 그 비전을 달성하기 위한 중장기 목표가 현실적으로 어떤 의미를 지니는지를 구체적으로 파악하려면 현재 수준을 객관화해서 파악해야 한다. • 조직의 과제는 대개의 경우 연간단위로 추진되는 경우가 많다. 전년도 말 시점의 수준을 보면 직면한 중장기 성과목표의 Gap을 파악할 수 있게 된다. • 회사는 전사적인 재무, 고객, 프로세스, 학습과 성장지표를 측정함으로써 성과 분야별로 성과목표의 Gap을 파악할 수 있다. • 마찬가지로 본부, 팀, 개개인이 같은 방식으로 본인이 실행해 가야 할 중장기 성과목표의 Gap을 파악하고 선행과제를 수립해야 한다. • 대개의 경우에 선행과제는 상위조직에서 중장기 성과목표 달성을 위해 하위조직이나 팀원에게 부여하는 경우가 많다는 점에 유의하기 바란다.

중장기 성과목표와 비전 대시보드 작성 예시

비전 달성을 위해 설정한 중장기 성과목표 (2027년)	2023년 말 추정성과
OO산업에 필요한 완벽한 상품을 글로벌 시장에서 선두로 제공하는 개발회사	OO기술을 적용한 신규상품을 선두로 제공하는 개발회사
재무 2027년 매출액 OOO억 원, 고부가가치 상품 수익액 OO억 원	**재무** 2023년 매출액 OOO억 원, 고부가가치 상품 수익액 OO억 원
고객 거래하는 글로벌 Top기업 20개, 5년 이상 거래기업 OOO개	**고객** 거래하는 글로벌 Top기업 15개, 미 / 유럽권 주요고객 XX개, 5년 이상 거래 기업 OO개
내부 프로 세스 OO기능 상품 3개 출시, 핵심상품 경쟁사 대비 6개월 이상 빠른 출시 2건	**내부 프로 세스** OO기능 상품 1개 출시, OOO 기능 상품 2개 출시, 경쟁사 대비 3개월 출시 단축 핵심상품 3건
학습과 성장 글로벌 Top기업 PJT PM급 핵심인력 70명	**학습과 성장** 글로벌 Top기업 PJT PM급 핵심인력 50명, XX기술 가능 인력 XXX명

2. 중장기 성과창출을 위한 선행과제 도출

당해년도 +3년 성과목표	직전년도 말 현재 수준	갭(Gap)	Gap을 메우기 위한 당해년도 선행과제	마감기한

조직의 선행과제 도출 가이드

중장기 성과목표 대비 현재 수준의 Gap을 메우기 위한 과제

당해년도 +3년 성과목표	직전년도 말 현재 수준	갭(Gap)	Gap을 메우기 위한 선행과제 / 마감기한	성과 책임조직
• 상위조직의 비전 또는 중기 목표 중에서 하위(소속)조직의 역할과 책임 기준에 관련된 성과목표를 적는다. Ex. OOO 제품 분야에서 업계 1위 (매출 기준 100억 원 이상)	• 좌측에서 파악된 조직의 성과목표의 현재 수준을 전년도 말 시점을 기준으로 적는다. • 가급적 수준을 나타 내는 수치로 적으면 좋다. 새로운 업무 라서 근거 수치가 없는 경우라도 최대한 객관적인 근거를 가지고 수준을 기술한다. Ex1. 작년 말 매출 결산액 기준으로 50억 원 수준 Ex2. 금년도부터 개발을 시작해야 하는 신제품 분야에 해당 *기존에 유사한 자사 제품의 매출 : 35억 원	• 중기목표와 현재 수준의 차이를 객관 적 수치나 근 거로 적는다. • 가능하면 갭이 존재하 는 항목과 이유에 대한 분석 결과나 근거 데이터 를 밝힌다.	• 차이를 메우기 위해 당해기간에 선행적으 로 미리 실행해야 할 선행과제를 정의하여 제시한다. • 회사 차원에서 제시 한 추진 로드맵이나 주요 과정 기점 (milestone)이 있으면 명시한다. • 선행과제가 완료되길 기대하는 기한을 명시한다. * 선행과제를 도출하는 과정에서 과제가 분화되어야 하는 경우에는 각 세부 과제별로 나누어 과제를 도출하고 성과책임조직을 구분한다	• 해당 선행과 제를 수행해야 하는 조직이나 부서를 명시 • 해당 선행과 제의 성과를 총괄적으로 책임지고 이끄는 부서, 참여하고 지원하는 부서 등으로 구분이 된다면 그 내역도 함께 명시하도록 한다.

조직의 선행과제 도출 예시

2027년 성과목표	2023년 말 현재 수준	갭(Gap)	Gap을 메우기 위한 선행과제 / 마감기한	성과 책임조직

친환경 수주 제안
채택 20건
	친환경 부품 0건	20건	차종별 친환경 제품 교체
			
			• 파워케이블 / 충전케이블 3건
			• 배터리팩 와이어링 하네스
			  5건
			• AA/PLUG 3건
			• Z기능을 포함한 부품 3건
			  * 연말까지
				OO본부

Repeat order액 2000억 원	Repeat order액 1000억 원	1000억 원	장기 발주 주요 고객사 공략 • C社 400억 원 • P社 200억 원 • … * 연말까지	OO본부
우량 신규고객 매출액 300억 원	우량고객 매출액 100억 원	200억 원	우량고객사별 공략 제품 차별화 • 신성장분야 S社 150 억 원 • 재무 우수 G社 100 억 원 • 대형 발주 L社 50 억 원 * 연말까지	OO본부

3. 당해년도 개선과제와 당기과제 도출을 위한 비전 대시보드 작성

당해년도 비전 대시보드를 기준으로 직전년도 말, 직전년도 초 대시보드를 작성하고 리뷰를 통해서 개선과제와 만회 대책, 프리뷰를 통해서 핵심과제를 도출

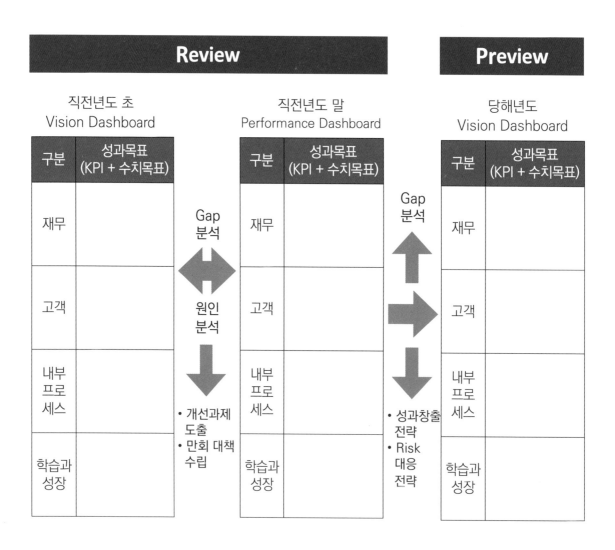

당해년도 비전 대시보드 작성 예시

2023년 말 Performance Dashboard	2024년 말 Vision Dashboard
재무 2023년 매출액 100억 원, 영업이익 10억 원, 신규상품 매출액 20억 원	**재무** 2024년 매출액 150억 원, 영업이익 20억 원 신규상품 매출액 50억 원
고객 기존고객 유지율 65%, 신규고객 확보수 200명	**고객** 기존고객 유지율 85%, 신규고객 확보수 500명
내부 프로 세스 고객불만 건수 28건 미만, 원가율 72%, 인건비율 21%, 고객만족도 75점, 납기 13시간	**내부 프로 세스** 고객불만 건수 10건 미만, 원가율 65%, 인건비율 15%, 고객만족도 85점, 납기 8시간
학습과 성장 리더 역량 점수 70점, 능력평가 점수 65점, 역량 발휘 점수 55점	**학습과 성장** 리더 역량 점수 80점 능력평가 점수 75점 역량 발휘 점수 70점

조직 단위 Performance Dashboard
(영업조직을 제외한 본부 / 팀 / 개인 단위)

가치 (기여) 지표	성과지표	수치
	1.	
	2.	
	3.	

가치 지표	성과지표	수치
	1.	
	2.	
	3.	

업무 (프로세스) 지표	성과지표	수치
	1.	
	2.	
	3.	
	4.	
	5.	
	6.	

업무 지표	성과지표	수치
	1.	
	2.	
	3.	
	4.	
	5.	
	6.	

역량 (발전과 성장) 지표	성과지표	수치
	1.	
	2.	
	3.	

역량 지표	성과지표	수치
	1.	
	2.	
	3.	

4. 직전년도 성과리뷰를 통한 개선과제 도출

직전년도 성과목표	직전년도 말 성과	갭(Gap)과 원인	원인 해결 / Gap 만회 위한 개선과제 / 마감기한	성과 책임조직

조직의 개선과제 도출 가이드

직전년도 성과목표	직전년도 말 성과	갭(Gap)과 원인	원인 해결 / Gap 만회 위한 개선과제 / 마감기한	성과 책임조직
• 상위조직이 전년도 초에 잡은 성과목표 중에서 하위(소속)조직의 역할과 책임 기준에 관련된 성과목표를 적는다. Ex1. A제품 원가율 90% → 80%로 10% 이상 개선 Ex2. B 서비스 라인 6월까지 구축 및 7월 중 본격 출시	• 좌측에서 파악된 조직의 성과목표의 현재 수준을 전년도 말의 시점을 기준으로 각각 적는다. • 가급적 수준을 나타내는 수치로 적으면 좋다. 정성적으로 적을 수밖에 없는 경우라도 최대한 객관적인 근거를 가지고 수준을 기술한다. Ex1. A제품 원가율 최종 평균치 : 85% Ex2. B서비스 라인 7/15일 1차 구축 완료, 9.1일 출시	• 당기초에 설정한 성과목표와 당기말 실제 성과의 차이가 발생한 정도를 수치로 제시한다. 부득이 수치화 곤란한 경우에는 최대한 객관화된 근거를 밝힌다. • 개선과제의 경우에 실패나 차질이 발생한 Gap의 항목별 원인을 객관적 수치와 근거를 기반으로 자세히 설명한다. Ex1. 원가율 5% 미달의 원인은 5가지 … Ex2. 구축 일정 차질 발생 원인은 3가지, 출시 간격의 발생 원인은 2가지	• 원인이 재발되지 않게 하려면 당기에 완료할 개선과제를 정의하여 제시한다. • 회사 또는 조직(본부) 차원의 개선과제는 여러 부서(팀)가 연결된 경우가 많음에 착안한다. • 개선과제의 추진 일정과 마감일을 제시한다. Ex1. 원가관리 총괄팀, 공장별 원가팀이 개선과제 … 6월까지 완료 Ex2. 프로젝트마다 일정 차질 지속 발생하는 문제 해결 위한 개선과제 … 12월까지 완료	• 해당 선행과제를 수행해야 하는 조직이나 부서를 명시 • 해당 선행과제의 성과를 총괄적으로 책임지고 이끄는 부서, 참여하고 지원하는 부서 등으로 구분이 된다면 그 내역도 함께 명시하도록 한다.

조직의 개선과제 도출 예시

전년도	원인 분석	개선과제	성과 책임 조직
• 전년도 성과목표 : 주력상품 (7개) 매출액 2,000억 원 • 추정성과 리뷰 : 주력상품 (7개) 매출액 1,600억 원 (미달성 목표 −400억 원)	• 주력상품별 매출액 분석 결과 1) 2개 상품의 매출액 20%감소 2) 기존 주요고객 3개 사에서 물량 10% 감소 3) ….	• A상품 신규 고객사 확보	○○ 본부

주력상품 (7개)	주력상품(7개) 매출 분석			
	성과목표	추정성과	미달성	원인 분석
A상품	500억 원	350억 원	−150억 원	• XXX 기존 고객 3개 사에서 물량 10% 감소 − 불량률 증가(4%)로 인한 마찰 발생 • A상품 대신에 대체부품 개발
B상품	300억 원	310억 원	+10억 원	• AA사의 매출 증가로 인해 추가 매출 발생
C상품	190억 원	150억 원	−40억 원	• K사의 물량을 경쟁업체 OO에서 계약하여 회사 매출의 30억 원 미달성

• 아시아 지역 고객사 대상 장기 물량 계약 혜택 제공 — ○○ 본부

5. 당해년도 성과창출을 통한 당기과제 도출

직전년도 성과목표	직전년도 말 성과	갭(Gap)과 원인	Gap 만회 위한 당기과제	마감기한

조직의 당기과제 도출 가이드

당해년도 성과목표 대비
현재 수준의 Gap을 메우기 위한 중점 수행사항

당해년도 성과목표	직전년도 말 현재 수준	갭(Gap)	Gap을 메우기 위한 당기과제 / 마감기한	성과 책임조직
• 상위조직이 금년도 중에 달성하기를 기대하는 성과목표 중에서 하위(소속)조직이 책임져야 할 성과목표 및 과제를 나열한다. Ex. K본부 내 B사업팀이 생산하고 판매하는 C제품의 성과목표 – 매출액 25억 – 마진율 25% – 고객만족도 90점 …	• 좌측에서 제시된 조직의 성과목표의 현재 수준을 전년도 말(금년도 초) 시점을 기준으로 적는다. • 가급적 수준을 나타내는 수치로 적으면 좋다. 정성적으로 적을 수밖에 없는 경우라도 최대한 객관적인 근거를 가지고 수준을 적는다. Ex. K본부 B사업팀 C제품의 현재 성과 수준 – 매출액 21억 – 마진율 22% – 고객만족도 85점 …	• 당기 성과목표와 현재 수준의 차이와 차이를 구성하는 내역을 적는다. Ex. K본부 B사업팀 C제품의 성과 갭 분석 내역 – 매출액 갭 4억 : … – 마진율 갭 3% : … – 고객만족도 갭 5점의 세부내역 : …	• 갭이 존재하는 항목별로 갭을 메우기 위해 필요한 당기과제를 정의하여 제시한다. • 당기과제의 추진일정과 마감일을 제시한다. Ex1. C제품 영업 성장 과제 – 매출액 4억 이상 증대 및 마진율 3% 이상 향상 위해 … 분기별 점검 및 연말까지 완료 Ex2. C제품 관련 고객만족 향상 과제 : C제품에 대한 고객만족도 90점 이상 달성 위해 … 상반기 중 90점 돌파, 연말 완료	• 해당 선행과제를 수행해야 하는 조직이나 부서를 명시 • 해당 선행과제의 성과를 총괄적으로 책임지고 이끄는 부서, 참여하고 지원하는 부서 등으로 구분이 된다면 그 내역도 함께 명시하도록 한다.

조직의 당기과제 도출 예시

2024년 성과목표	2023년 말 현재 수준	갭(Gap)	Gap을 메우기 위한 당기과제	마감기한
중국 현지 잠재고객 개발 추가 건수 4건	• 현재 중국 거래 고객 2건 • XX산동성 공장 증설 완료 (생산 가능물량 XXX) • XX 거래고객 매출 8% 성장 가능성 예측 • …	2건	중국 XX지역 고품질 요구하는 신규고객 발굴	
90일 이상 장기 미수금 업체 수 0건	• 90일 이상 장기미수금 업체 수 7건(기업별 연체기간과 연체금액 세부내용은 …)	7건	50일 이상 미수금 고객 관리 강화	
6개월 장기 미거래 업체 중에서 재계약 고객 수 2건	• 6개월 이상 장기 미거래 고객 13건 • 1년 이상 장기 미거래 고객 6건	2건	–	

6. 당해년도 타 조직의 성과창출을 위한 협업과제

요청 협업과제	요청 조직	요청 완료일정	요청 성과목표	요청 조직의 관련 성과목표

조직의 협업과제 도출 가이드

요청 협업과제	요청 조직	요청 완료일정	요청 성과목표	요청 조직의 관련 성과목표
• 다른 본부나 팀이 성과책임을 지고 있는 과제 중에서 해당 유관 부서의 협업이 필요한 과제의 개요를 적는다. • 협업은 상위조직의 리더가 주도적으로 하위조직을 조정하여 제시하는 형태로 과제가 이루어지는 것이 기본이지만, 필요하다면 성과 책임조직 (하위조직)의 리더가 상위조직의 리더에게 협업과제를 제안할 수 있다.	• 협업과제에 참여하는 조직을 모두 나열하고 각각의 역할과 책임을 명시한다. • 기본적으로는 성과 책임조직과 협업에 참여하고 지원하는 조직으로 구분한다. • 일을 시작하기 전에 각 조직의 역할과 책임의 내역을 상호 합의를 통해 최대한 상세히 밝혀 두는 것이 좋다.	• 협업과제의 마감 기한은 상위조직의 리더가 제시하거나 성과 책임조직의 리더가 제안한 일정을 검증하고 승인해야 한다. • 단순히 마감일자만 적는 것이 아니라, 마감을 향해 가는 중간 과정을 가급적 기간별로 구체적으로 밝히도록 한다. Ex. 분기별, 월별 세부과제 내역 등	• 협업을 요청하는 성과 책임조직에서 협업과제를 통해 얻고자 하는 성과목표를 제시한다. • 성과목표는 KPI + 성과목표의 형태로 적고, 성과를 달성한 상태의 세부내역을 조감도 형태로 최대한 상세하게 적는다. • 성과목표를 구체적으로 제시하는 과정에서 협업하는 각 조직의 역할과 책임, 결과물이 어떻게 파악되고 피드백되는지 밝히도록 한다.	• 협업과제로 협업에 참여하는 조직의 관련 성과목표를 적는다. • 특히 협업과제 참여가 성과 책임 조직뿐만 아니라 협업 참여조직의 성과창출에도 직접 기여하거나, 상위 조직의 성과를 함께 창출하는 데 기여한다는 점을 명확히 밝히도록 한다.

7. 조직의 핵심과제별 현황 분석

핵심과제 (당기, 선행, 개선, 협업)	현황 분석

조직의 핵심과제 현황 분석 가이드

핵심과제	현황 분석

OOO 기능을
적용한
상품 개발
	1) 과제 수행 이유 / 배경
	 – 글로벌 시장에서 OOO기능에 대한 이슈가 제기되고 있으며,
	   향후 5년 내에 상품의 부가가치 수익이 XXX억 원 예상.
	   현재 개발한 기업이 없음.
	 – 글로벌 대학 10곳에서 현재 해당기능 관련 산학협력이
	   활성화되기 시작 ….
	
	2) 과제개요 / 세부내용(과제 프로필)
	 – OOO 기능에서 요구되는 세부주요과제는 총 50개이며,
	   이 중에서 30개가 새로 개발되어야 하는 신규과제
	
	3) 과제와 관련된 이해관계자들의 요구사항
	 – 글로벌 주요 고객의 요구사항 수준은 …
	 – 국내 고객의 요구사항 수준은 …
	
	4) 과제의 현재 상태 / 수준(As is)
	 – 제품개발 담당에서 가능하다고 보는 현재 수준은 …

XX 기능 개선	…
OO개발 인력 육성	…
…	…

핵심과제별 현황 분석을 할 때 유의사항

핵심과제 (당기, 선행, 개선, 협업)	현황 분석
• 상위조직이 고객의 관점에서 주도적으로 도출한 하위조직별 핵심과제들을 나열한다. • 당기과제, 선행과제, 개선과제, 협업과제 등 과제의 유형에 따라 순서대로 적는 것이 좋다. • 반드시 성과 책임조직을 명시하고 협업과제의 경우 참여조직까지 적는다.	• 핵심과제 현황 분석의 4가지 요건을 충족해 작성한다. : 과제 수행 이유와 배경(어떤 문제가 있는가), 과제 프로필(과제 개요와 세부 내용), 이해관계자 요구사항, 현재 상태와 수준(As-is) • 특히 현재 상태와 수준은 객관적 사실을 데이터와 수치를 중심으로 표현한다. • 가급적이면 대명사, 형용사, 부사(최대한, 적극적 등)로 표현하지 말고, 명사의 형태로 상황을 구체적으로 묘사한다.

8. 조직의 핵심과제별 성과목표 설정

핵심과제	(핵심과제에 대한) 현황 분석	핵심과제별 성과목표 (KPI + 수치목표)

조직의 핵심과제별 성과목표 설정 가이드

핵심과제	(핵심과제에 대한) 현황 분석	핵심과제별 성과목표 (KPI + 수치목표)
		• 상위조직의 관점에서 기대하고 달성해야 할 핵심과제별 성과목표를 KPI와 수치목표를 중심으로 제시한다. • 지향적 목표(KPI + 수치목표)를 넘어 조감도 형태의 상태적 목표까지 제시할 수 있다면 좋겠지만, 어디까지나 상위조직이 가장 잘 제시할 수 있는 범위에서 제시하도록 한다. • 즉, 하위조직 또는 성과 책임조직이 상태적 목표를 더욱 구체적이고 적확하게 제시할 수 있다면, 상위조직은 그 기준과 내용을 검증해 주는 데에 초점을 두는 것으로도 충분하다.

조직의 핵심과제별 성과목표 설정 예시

핵심과제	(핵심과제에 대한) 현황 분석	핵심과제별 성과목표 (KPI + 수치목표)
OOO 기능을 적용한 상품 개발	**1) 과제 수행이유 / 배경** 　- 글로벌 시장에서 OOO 기능에 대한 이슈가 　　제기되고 있으며, 향후 5년 내에 상품의 부가가 　　치 수익이 XXX억 원 예상. 현재 개발한 기업이 　　없음. 　- 글로벌 대학 10곳에서 현재 해당 기능 관련 　　산학협력이 활성화되기 시작 … **2) 과제개요 / 세부내용(과제 프로필)** 　- OOO기능에서 요구되는 세부주요과제는 총 　　50개이며, 이 중에서 30개가 새로 개발되어야 　　하는 신규과제 **3) 과제와 관련된 이해관계자들의 요구사항** 　- 글로벌 주요 고객의 요구사항 수준은 … 　- 국내 고객의 요구사항 수준은 … **4) 과제의 현재 상태 / 수준(As is)** 　- 제품개발 담당에서 가능하다고 보는 현재 　　수준은 …	OOO 기능 상품수 2개
XX 기능 개선		
OO개발 인력 육성		
…		

9. 조직의 성과목표와 성과창출전략 수립

핵심과제 (CSF)	구분	핵심과제에 대한 현황 파악 (현재 상태, As-is)	성과목표 (KPI + 수치목표)	성과목표 조감도	성과창출전략 (고정변수 / 변동변수별 공략방법)	예상 리스크요인 대응 방안

조직의 성과창출전략 수립 가이드

핵심과제 (CSF)	구분	핵심과제에 대한 현황 파악 (현재 상태, As-is)	성과목표 (KPI + 수치목표)	성과목표 조감도	성과창출전략 (고정변수 / 변동변수별 공략방법)	예상 리스크요인 대응 방안
		• 상위조직이 주도적으로 기본사항을 위주로 검토해 제시하는 부분 * 필요한 사항에 대해서만 하위조직이나 이해관계자의 정보나 의견을 수렴하거나 기초 조사나 검토를 사전에 의뢰할 수 있음		• 하위조직이 주도적으로 구체화하는 부분 • 하위조직은 상위조직이 제시한 핵심과제, 유형 구분, 상위조직 관점의 현황 파악 내용을 검토한다. • 성과목표조감도(상태적 목표)의 경우에는 상위조직이 직접 제시하기 어려운 경우가 대부분이기 때문에 하위조직이 KPI + 수치목표를 고려해 작성한다. • 성과창출전략을 검토하는 과정에서 고정변수보다 변동변수가 예상보다 많거나 그 반대인 경우에는 상위조직과 협의하여 성과목표를 즉시 또는 추후 조정할 수 있다. • 예상리스크 대응 방안은 회사/조직의 외부환경요인과 회사/조직의 내부환경요인으로 구분해 검토하고, PlanB를 제시한다. 대부분의 경우 내부환경요인의 비중이 크다는 점에 유의한다.		

10. 조직의 분기별 성과목표 & 핵심과제 도출

1Q 성과목표와 핵심과제	2Q 성과목표와 핵심과제	3Q 성과목표와 핵심과제	4Q 성과목표와 핵심과제

조직의 분기별 성과목표 & 핵심과제 도출 가이드

1Q 성과목표와 핵심과제	2Q 성과목표와 핵심과제	3Q 성과목표와 핵심과제	4Q 성과목표와 핵심과제

- 회사나 본부 차원에서는 최소한 분기 단위의 기간별 성과기획과 성과평가가 이루어 져야 한다.

- 성과관리방식이 정착되고 발전한 기업이라면 월 단위로는 충분히 관리되어야 한다.

- 성과관리방식을 도입하는 단계인 경우라고 해도 최소한(minimum requirement), 하위조직은 상위조직보다 더욱 구체적으로 기간별 성과관리를 해야 한다. 단, 이 상태에 머물러서는 진정한 성과관리를 한다고 보기 어렵다.

  Ex. 회사 : 연간 / 분기 단위 관리
  ⇄ 본부 : 분기 / 월 단위 관리
  ⇄ 팀 : 월간 / 주간 관리
  ⇄ 팀원 : 주간 / 일일 관리

- 성과관리방식이 완성 단계에 있는 조직이라면 모든 계층에서 상시(real-time) 성과관리를 실행하게 된다.

  Ex. 회사 / 본부 / 팀 / 팀원 : 중장기 성과관리
  ⇄ 회사 / 본부 / 팀 / 팀원 : 연간 성과관리
  ⇄ 회사 / 본부 / 팀 / 팀원 : 분기 / 월간 성과관리
  ⇄ 회사 / 본부 / 팀 / 팀원 : 일일 성과관리

11. 조직의 성과창출에 필요한 자원 도출

구분	필요 인력 & 산정 근거	필요 예산 & 산정 근거	비고
성과목표별 1. 2. 3. …			
일상업무			

12. 조직의 분기·월간 비전 대시보드 양식

2024년 성과목표					
BSC 관점	전략과제 (CSF)	성과목표 (KPI+수치목표)	조감도	담당	

1Q (목표 대비 성과)			2Q (목표 대비 성과)			3Q (목표 대비 성과)			4Q (목표 대비 성과)			성과		
1월	2월	3월	4월	5월	6월	7월	8월	9월	10월	11월	12월	누적	과부족	지표 상태
(목표)														
(성과)														
(목표)														
(성과)														
(목표)														
(성과)														
(목표)														
(성과)														
(목표)														
(성과)														

조직의 분기·월간 비전 대시보드 작성 예시

			2024년 성과목표				
BSC 관점	구분 (책임 / 관리)	전략과제 (CSF)	성과목표 (KPI + 수치목표)	조감도	가중치	세부 전략과제	담당
재무	책임	Target 시장별 영업전략 우위 선점	제품 다각화 기획 매출액 100억 원	• XX PJT 매출액 70억 원 • OOO PJT 매출액 40억 원	10%	• 대형 OO PJT 프로젝트 수행 • OOO PJT 프로젝트 완료	• OO팀 • OO팀
재무	책임	프로젝트 수주가치 증대	15% 이상 영업이익 수주 비율 50%	• XX PJT 고부가가치 기능 재계약 건 OOPJT 연장 2건	5%	• 집중관리 5개 PJT 이익률 개선	• 본부장 • OO팀
고객	책임	신규고객 발굴	신규 전략고객 수주 비중 30%	• XX지역 신규고객 수주 5건 • OO지역 신규고객 수주 7	10%	• A사 원가 경쟁 기반 수주 계약 • K사 신규수요 창출	• 본부장 • OO팀
Manage -ment	관리	OO프로젝트 수행 역량 강화	프로젝트 안전성 지수 80점 (진단 기준 참고)	• 60점 미만 인력 3건 이하 (현재 30건) • 주요 6개 항목 역량 평균 80점	5%	• OO 기술 중심의 프로세스 혁신 • 협력업체 돌발 상황 예방 강화	• OO팀 • OO팀
People	관리	인력의 효율적 운영	대기인원 활용도 90%	• 80% 이하 운영 인력 0건 • OOPJT 운영체계 수립	5%	• 투입 인력 구성의 다변화 • 관리체계 강화	• OO팀 • OO팀

* 지표 상태는 목표 대비 현재 실적을 비교하여 지표 상태로 보여줌

1Q (목표 대비 성과)			2Q (목표 대비 성과)			3Q (목표 대비 성과)			4Q (목표 대비 성과)			성과		
1월	2월	3월	4월	5월	6월	7월	8월	9월	10월	11월	12월	누적	과부족	지표상태
5억 원	15억 원	월별 성과목표 기재						10억 원	15억 원	15억 원	10억 원	…	…	↔
5억 원		실제 달성한 성과 작성						9억 원	16억 원					
30%	30%	30%	40%	50%	50%	50%	50%	50%	60%	60%	60%	…	…	▽
30%	40%	실제 달성한 성과 작성							55%					
20%	30%	월별 성과목표 기재						40%	30%	40%	30%	…	…	↑
(달성도)		실제 달성한 성과 작성												
(목표)		월별 성과목표 기재										…	…	↔
(달성도)		실제 달성한 성과 작성												
(목표)		월별 성과목표 기재										…	…	▽
(달성도)		실제 달성한 성과 작성												

↑ Green(상향) : 목표 대비 110% 초과 달성

↔ Gray(유지) : 목표 대비 100% 이상 ~ 110% 미만 달성

▽ Yellow(하향) : 목표 대비 95% 이상 ~ 100% 미만 달성

↓ Red(악화) : 목표 대비 실적 90% 이상 ~ 95% 미만

● Black(추락) : 목표 대비 90% 미만 달성

분기·월간 비전 대시보드 작성 시 참고사항 1/2

목적

• Vision Dashboard는 '2024년 성과목표(KPI + 수치목표)를 중심으로 목표를 설정하고 하위조직에 부여하며, 이의 실행을 책임지고 관리하는 조직 내의 커뮤니케이션을 통해 미래의 성과를 의도하는 방향으로 의도함으로써 지속적으로 발전하는 전략실행 메커니즘으로 작동하기 위한 것이다.

주요 내용

• Vision Dashboard 지표는 15개 내외로 구성
  - 재무지표 3~5개
  - (재무적 지표 향상을 위한) 고객관리 지표 3~5개
  - 내부 프로세스 지표 (품질, delivery 등) 5~10개
  - 학습과 성장 관점의 역량 지표 3~5개

• 위 4가지 종류의 지표를 "Dashboard"화 하며, 지표의 중요도와 긴급도를 고려하여 성과책임지표와 성과관리지표 구분하여 운영

분기·월간 비전 대시보드 작성 시 참고사항 2/2

성과책임지표와 성과관리지표 구분

- 당해년도에 중요도와 긴급도를 고려하여 해당 주체의 책임하에 운영하고 평가의 대상이 되는 해당 지표는 **'성과책임지표'**
- 이 외에 주기적으로 모니터링하고 관리하는 지표는 **'성과관리지표'**

성과책임지표 (성과목표 관리 대상)	성과관리지표 (상태 관리 대상)
• 목표달성 정도에 대하여 권한 내에서 관리 주체별로 책임을 지는 지표 • 연간 회사 / 본부 성과목표를 설정할 때 우선적으로 고려해야 하는 지표 • 모든 재무지표와 상태가 하향(Yellow), 악화(Red), 추락(Black)인 비(非) 재무지표	• 성과책임지표를 제외한 지표 • 조직의 중장기 목표에 대하여 전략의 달성 정도에 대한 현재 상태를 모니터링하는 지표 • 유지(Gray)나 상향(Green)의 비(非) 재무지표

PXR 성과관리방식은
업무불량률을 최소화하기 위한
핵심도구이다

일을 하면 당연히 성과를 창출해야 한다.

그러려면 성과창출에 인과적이도록

일하는 프로세스가 설계되고 실행되어야 한다.

결과물에 대한 기준이 수요자 기준이어야 하고

투입원가를 최적화해야 한다.

투입원가를 최적화하려면 성과 중심으로 일해야 한다.

생산성 있는 성과창출의 핵심개념이 바로 '업무불량률'이라고 하는 개념이다.

생산성이라는 개념에 대해서는 누구나 다 알고 있을 것이다.

하지만 정확한 개념이 무엇인지, 일상 업무활동에 어떻게 적용해야 하는지,

그리고 리더와 실무자가 어떻게 해야 생산성이 높아지는지에 대해서는

실무적으로나 구체적으로 잘 모르는 경우가 많을 것이다.

일하는 방식이 경쟁력이 있으려면

업무불량률 개념을 정립하고, 경영의 핵심지표로 인식하고,

업무불량률을 최소화하기 위한 노력이 일상적으로 이루어져야 한다.

일을 하면 실패해서는 안 된다.

"실패는 성공의 어머니라거나,

실패를 허용하는 조직문화를 만들어야 구성원들이 성장한다"는 등,

실패에 대해 너그러운 태도를 강조한 책이나 격언이 많다.

그러나 그런 이야기들은,

일을 제대로 했는데도 불구하고 실패했을 때 하는 말이지

무조건 실패를 용인하라는 말은 아니다.

성과창출을 위해 인과적인 프로세스를 준수했는데도 불구하고

성과가 창출되지 않았다면 어쩔 수 없다.

하지만 올바른 프로세스를 준수하지 않아서 실패했는데

실패를 격려하고 용인하는 문화를 만들어서는 안 된다.

시간과 자원이 한정되어 있기 때문에 일은 실패해서는 안 된다.

실패하지 않을 업무프로세스를 작동시켜야

기대하는 성과를 지속적으로 창출할 수 있다.

불량(不良), 영어로는 폴트(fault)다.

사전적 의미를 찾아보면, '마음가짐이나 행실이 나쁨, 성적이 나쁨,

물건 따위의 품질이나 상태가 나쁨'을 뜻한다.

'불량'에 가장 민감하고 신경을 곤두세우는 업종은 제조업일 것이다.

제조업은 저원가, 고품질의 제품을 납기 내에 생산해야

차별화된 경쟁력을 갖게 된다.

그래서 제조기업들은 제품불량을 없애기 위해 생산과정을 엄격히 관리한다.

불량으로 인해 제품원가와 노무비가 상승하고

수익성이 하락하는 문제를 예방하기 위해

모든 과정에서 손실을 줄이고 이익을 극대화하려고 애쓴다.

불량이 나면 손해가 발생한다는 것은 누구나 알고 있는 사실이다.

그런데 제품에만 불량이 있는 것이 아니다.

매일 수행하는 업무에도 불량이 많다.

재작업, 일정지연, 목표 대비 성과미달 등이 조직의 여기저기서 수시로 발생한다.

그럼에도 불구하고 많은 조직과 구성원들이 자신들의 업무효율이

과연 어느 정도인지에 대해 별로 민감하게 반응하지 않는다.

이것은 정말 심각한 문제다.

알게 모르게 무시하고 있는 업무불량은

우리가 생각하는 것보다 훨씬 더 심각하게

조직의 생산성과 이익에 영향을 미치기 때문이다.

제품불량은 눈에 보이지만,

업무불량은 기준이 애매해서 잘 드러나지 않는다.

제품은 최종결과물이지만 업무수행의 결과물은 과정결과물이기 때문에

불량에 대한 심각성을 잘 모른다.

가장 흔하게 나타나는 업무불량의 형태는

정해진 기간 내에 목표한 성과를 제대로 창출하지 못한 것이다.

업무품질이 좋다는 것은 기대했던 결과물의 기준대로

조감도를 충족시킬 수 있는 업무수행 결과물의 상태다.

기대했던 결과물인 성과목표를 충족시키지 못하는 업무수행의 결과물은

불량품이다.

한정된 시간과 자원의 범위 내에서 기대하는 결과물을 이뤄내기 위해서

나름대로 전략과 계획을 수립한다.

그런데 만약 전략과 액션플랜 자체가 잘못 수립되었거나,

액션플랜은 제대로 수립했는데 이를 실행으로 옮기지 못한다면

막대한 비용손실을 볼 수 있다.

전략과 계획을 제대로 수립하지 못해 원하는 성과가 창출되지 않았다면

전략, 액션플랜, 프로세스가 불량이다.

이것도 업무불량의 한 형태다.

업무수행의 납기를 준수하지 못하면

내부고객인 상위리더의 요구사항을 만족시키지 못하고

더 나아가 관련 이해관계자나 고객사의 업무일정에도 차질을 빚는다.

납기준수는 내외부 고객과의 약속이며,

약속을 지키지 못하면 신뢰관계가 유지되지 못한다.

정해진 기한 내에 원하는 업무수행의 결과물이 산출되지 않았다면

그것 또한 엄연한 업무불량이다.

제품을 생산할 때 품질, 원가, 납기가 중요하듯이,

업무를 수행할 때도 업무품질과 투입원가, 납기준수가

엄격하게 관리되어야 한다.

그래야 진정한 원가절감과 경쟁우위를 확보할 수 있다.

눈에 보이는 원가절감 요소가 10%라면

눈에 보이지 않은 부분은 90% 이상이라는 것을 항상 잊지 말아야 한다.

기업이 생산한 제품이나 제공한 서비스에 불량이 발생하면 어떻게 되겠는가?

불량의 정도가 크든 작든 기업의 신뢰도는 추락하고,

불만족한 고객으로 인해 제품과 서비스의 구매가 줄어들어

매출과 이익에 막대한 영향을 미친다.

우리는 제품불량률 제로에 도전하듯이 업무불량률 제로에 도전해야 한다.

하지만 업무불량률을 경영성과지표에 포함시켜

제대로 관리하고 있는 기업이나 조직은 단 한 군데도 없다.

CEO나 임원, 팀장들도 업무불량률에 대한 개념이 없다 보니

구성원들도 그리 심각하게 생각하지 않는다.

보고받는 사람이 마음에 안 들면 다시 작업하면 된다는 안일한 생각이 많다.

일을 하다 보면 그럴 수도 있다는 것이다.

구성원들이 이미 정해진 인건비를 매월 급여로 받다 보니

재작업으로 인해 추가로 투입되는 시간을 원가로 인식하지 못하기 때문이다.

다시 한 번 강조하지만, 우리는 업무불량률 제로에 도전해야 한다.

"불량 없는 제품이 최종결과물이라면 불량 없는 업무는 과정결과물이다.
'제품불량률'과 '업무불량률'은 경영성과창출의 핵심성과지표이다."

:모음:
성과관리 프로세스 FAQ

FAQ 1. 성과, 성과관리

Q. 성과와 실적의 차이는 무엇인가요?

A. 성과란 고객과 수요자가 기대하는 결과물이 달성된 상태입니다.

고객이나 수요자가 원하지 않는 결과를 낸 것은 성과가 아닙니다. 실적이란 실행하는 사람이 일을 얼마나 열심히 했는지 노력의 정도를 수치화한 것입니다. 고객이나 수요자가 원하는 것이 무엇인지 기획하여 성과의 목표를 잡고 계획적으로 실행해 결과물을 내야 한정된 시간, 인력, 예산을 더욱 효율적으로 쓸 수 있습니다. 이런 이유로 단순히 실적이나 결과 개념이 아닌 성과 개념이 중요한 것입니다.

Q. 성과관리는 이미 하고 있는 것 같은데 성과관리 워크숍을 하는 이유는 무엇인가요?

A. 대부분의 경우 성과관리는 실적관리 수준에 머물고 있습니다.

KPI와 수치목표를 설정한 후 과제와 일정을 체크하고 달성률을 사후적으로 관리하는 방식입니다. 성과관리방식은 여기서 한 단계 더 나아가 상위리더뿐 아니라 팀원 스스로가 일을 시작하기 전에 성과목표를 구체적으로 세우고 기간별 결과물을 기획, 점검하며 자기완결형으로 일하는 방식입니다. 성과관리방식을 제대로 학습하고 실천하면 한정된 자원으로 향상된 성과창출이 가능합니다.

Q. 팀원들의 역할과 책임을 효과적으로 설정하고 싶은데 어떻게 해야 할까요?

A. 역할과 책임(R&R)을 효과적으로 설정하기 위해서는 항상 팀의 연간 성과목표와 성과창출전략, 팀원들의 역할과 책임이 모두 전략적으로 연결되도록 설정하는 것이 중요합니다. 연초에 연간목표(KPI 수치목표)를 잡는 것은 성과관리를 시작하는 것에 불과합니다. 팀장이 주관하여 최소한 월간 단위로 월말/월 초에 성과기획과 성과평가를 해서 팀원들이 맡은 일의 전략과 방법을 고민하게 해야 합니다. 팀장은 퍼실리테이터 역할을 하면서 팀 차원에서 우선순위가 높은 일을 이루는 데에 집중하게 됩니다.

FAQ 2. 성과관리 기본 개념

Q. 기획과 계획의 차이는 무엇인가요?

A. 계획이란 해야 할 일(To-Do list)을 일정과 순서에 따라 추진하는 것입니다. 계획 위주로 일을 한다는 것은 일을 수행하는 전략과 방법이 구체적이지 않은 경우입니다. 많은 경우에 경영진이나 상위리더의 방침과 코멘트(지침)에 의존하게 됩니다. 계획은 성과기획의 결과로서 수립되면 문제가 없습니다. 성과를 기획한다는 것은 고객이나 상위리더가 원하는 결과물이 이루어진 상태를 구체적으로 설정하고, 기간별 과제와 소요자원을 결정하며, 내부·외부 리스크를 예상하여 대응책을 마련하는 것입니다.

Q. 지향적 목표와 상태적 목표, 성과목표조감도가 중요하다는데 무엇을 말하는 것인가요?

A. 지향적 목표(goal)란 목표 자체가 선언적, 추상적, 의지적 표방에 불과한 경우 경우를 말합니다. 일의 방향성과 결과치만 제시했을 뿐, 성과를 창출하는 전략이나 구체적인 방법은 설정되어 있지 않은 채 일을 시작하고 봅니다. 그래서 상태적 목표가 필요해집니다. 상태적 목표란 수요자가 원하는 미래의 결과물이 이루어진 상태를 구체적으로 설정하고 시작하는 것입니다. 지향적 목표의 세부내역과 성과창출전략, 공략방법을 마치 건물의 조감도와 같이 설정해 보고 시작하는 성과목표 수립 방법론입니다.

Q. 팀원들에게 권한위임이 잘 이루어지지 않는데 어떻게 하면 좋을까요?

A. 권한위임이 잘 이루어지지 않은 이유는, 위임이라고 쓰고 방임이라고 읽는 경우가 많기 때문입니다. 나중에 결과물을 가지고 오면 이런 것이 아니라고 말하기는 쉽습니다. 막상 위임을 한 뒤에도 일이 잘 진행되는지 궁금해지고 걱정이 되어 개입과 간섭이 잦아지는 경우도 흔히 있습니다. 권한위임이란 일이나 역할에 대한 위임에서 나아가 성과에 대한 책임까지 위임하는 것입니다. 역할과 책임을 제대로 위임하려면 일을 시작하기 전에 과제, 목표, 전략, 기간별 성과관리 사항을 설정해서 맡겨야 합니다.

FAQ 3. 핵심과제 도출

Q. 성과관리 프로세스는 어떻게 구성이 되어 있나요?

A. 매니지먼트의 기본인 Plan, Do, See를 성과관리에 특화해 고안한 것으로, Preview, Causal Execution, Review의 기본단계(3-Cycle)와 세부단계(5-Step)로 구성되어 있습니다. 한국성과코칭협회 25년 연구 결과에 LG Display의 특성을 반영해 개발되었습니다. 한문장으로 요약하면 이렇습니다. '일을 하기 전에 정해진 기간 내에 달성하고자 하는 성과목표를 설정하고, 성과목표 달성에 인과적인 전략과 실행계획을 수립한 후 기간별로 실행하여 원하는 성과를 창출하도록 매니지먼트하는 것이다'.

Q. 과제가 부여되는 방식은 어떠한가요? 과제와 목표를 굳이 구분하는 이유는 뭔가요?

A. 과제는, 보통 상위조직에서 제시하는 '매출액 2,000억 달성', '전년 대비 광고비 20% 감소'와 같은 지향적 목표의 형태로 부여됩니다. 하위조직은 제시된 목표를 달성해야 하는 시점의 수준과 현재 시점의 수준 간 갭을 규명하고, 그 갭을 메우기 위한 세부내용과 방향, 완료일정을 잡아야 합니다. 물론 하위조직에서 상위조직에 제안하여 과제가 되는 경우도 많습니다. 과제에 따라 목표의 달성 시점과 성격이 다르기 때문에 당기과제, 선행과제, 개선과제, 협업과제로 나누어 정의하는 것입니다.

Q. 첫 단계의 명칭을 '과제' 도출이 아니라 특별히 '핵심과제' 도출이라고 한 이유가 궁금합니다.

A. 핵심과제란 한정된 자원으로 가장 우선적으로 시간, 예산, 역량과 자원을 쏟아부어야 할 중요한 과제입니다. 자신의 역할과제 중에서 정해진 기간 내에 상위조직의 성과창출에 가장 결정적인 영향을 주는 과제라는 의미입니다. 팀의 할 일, 즉 과제들을 나열하고 중요도와 긴급도로 과제의 우선순위를 매겨보면 우선순위가 높은 과제가 드러납니다. 팀원 개개인 입장에서 보면 본인이 수행하는 여러가지 과제들 중에서 우선순위가 높은 과제가 핵심과제입니다. 일상적인 과제들도 중요하지만 성과관리를 할 때는 한정된 자원을 핵심과제에 우선적으로 배분하도록 해야 합니다.

FAQ 4. 성과목표 설정

Q. 성과목표는 모두 수치화해야 하는 건가요? 부서 특성이나 업무에 따라 다른 것이 아닌가요?

A. 성과목표의 대상은 업무나 과제가 아니라 과제수행의 결과물입니다. 업무나 과제 자체를 수치화하기는 어렵더라도 과제수행의 결과물은 어떤 성격의 업무라고 해도 객관화하는 것은 가능합니다. KPI와 수치목표의 형태로 표현하는 방식이나 내용은 부서나 업무에 따라 디테일한 차이가 있습니다. 그런데 핵심은 KPI와 수치목표를 설정한 데에서 나아가, 과제나 업무를 수행하여 얻게 될 결과물인 성과가 이루어진 상태를 상세하게 설정해 보고 일을 시작해야 한다는 것입니다. 이것을 상태적 목표라고 합니다.

Q. 너무 높은 목표가 부여되면 달성이 어려운데 목표설정의 적절성을 판단하는 기준은 뭔가요?

A. 성과목표는 상위조직에서 하위조직으로 Top Down 식으로 부여되는 것이 원칙입니다. 성과목표는 무조건 높게 설정해야 하는 것이 아니라, 상위조직 성과에 기여하는 정도와 시간과 자원의 허용범위 내에서 설정해야 합니다. 상태적 목표를 설정해 보면 너무 높은 목표인지 아닌지 판단할 수 있게 됩니다. 성과는 상태적 목표에 따라 의도한 대로 얻은 결과인지, 우연히 얻은 결과에 불과한 것인지로 평가되어야 합니다. 성과목표는 대개 주어진 목표의

120% 수준에서 도전적으로 설정해 기획하는 것이 좋습니다.

Q. 굳이 성과목표를 설정해야 하나요? 열심히 해서 좋은 결과를 얻으면 되는 것 아닌가요?

A. 성과목표를 상태적 목표의 형태로 구체적으로 설정하여 상위리더와 합의해 추진한다면, 실행 과정에서 일일이 리더에게 물어보거나 리더가 사사건건 개입하고 간섭하지 않아도 됩니다. 핵심과제 관련 현황을 파악하여 정해진 기간 내에 창출할 성과의 기준을 상태적 목표로 설정하고, 세부내역을 조감도처럼 설정하여 일을 시작하기 때문입니다. 성과목표가 상태적으로 설정되면 집중할 목표의 우선순위도 파악할 수 있고, 자신이 해야 할 일과 다른 사람에게 협업을 요청해야 할 일도 미리 구분할 수 있게 됩니다.

FAQ 5. 성과창출전략 수립

Q. 전략과 실행계획, 액션플랜은 같은 의미가 아닌가요?

A. 전략은 기대하는 목표와 현재 수준의 갭을 찾아내서, 그 격차를 해결하기 위한 방법을 말합니다. 전략의 핵심은 갭을 야기시키는 타깃(대상, 원인)과 그 타깃을 공략하는 방법을 찾아내는 것입니다. 또한 타깃을 일상적 노력으로 달성 가능한 고정변수와 창의적이고 혁신적인 아이디어로 달성 가능한 변동변수로 나누어 보고 변동변수를 공략하는 데 집중해야 합니다. 실행계획이나 액션플랜은 같은 의미로 수립한 전략의 행동계획입니다. 즉, 수립한 전략의 실행순서를 일정에 따라 정하는 것을 말합니다.

Q. 굳이 전략과 액션플랜(실행계획)을 나눠야 하는 이유는 무엇인가요?

A. 일을 할 때 부딪히는 가장 근본적인 문제는 한정된 시간, 자원과 역량을 갖고 성과를 도전적으로 창출해내야 하는 데에 있습니다. 그래서 일을 시작하기 전에 성과창출에 결정적인 영향을 줄 수 있는 변동변수와 예상리스크요인을 찾아내서 역할과 책임을 나누고 공략할 방법을 결정하는 것은 성과창출의 지름길입니다. 고정변수보다는 변동변수와 리스크를 해결하는 데에 더욱 많은 시간이 투입될 수 있습니다. 따라서, 전략을 먼저 세우고 액션플랜을 짜야 실효성을 갖게 되는 것입니다.

Q. 예상리스크는 통제가 불가능한 변수라고 했는데 그렇다면 대비할 수도 없는 것 아닌가요?

A. 실행자 입장에서는 통제가 불가능하겠지만 상위리더나 관련된 이해관계자가 협업을 해 주면 통제가 가능할 수도 있습니다. 또한, 당사자 개인 입장에서는 리스크요인이지만 조직 관점에서는 아닐 수도 있습니다. 특히, 내부역량요인의 경우에는 동료나 유관부서와의 협업을 통해 통제할 수가 있는 경우가 많습니다. 이런 이유로 전략을 수립할 때 예상되는 리스크를 외부환경요인과 내부역량요인으로 나누어 대응책을 마련해 두면 리스크가 발생했을 때 더욱 효과적으로 대응할 수 있게 되는 것입니다.

FAQ 6. 기간별 아웃풋 관리

Q. 연간목표가 이미 있는데 월간이나 주간 단위로 굳이 관리할 필요가 있을까요?

A. 연간목표나 전체목표가 있어도, 월간이나 주간 단위로 과정별 성과가 축적 되어야 성과가 창출될 수 있습니다. 기간별 상황 변화에 대응해 성과를 기획 하고 조정하고 평가하는 활동이 주기적으로 이루어지지 않으면, 마감기일에 몰아서 일을 하기 쉽고 성과목표 미달성 사태가 생길 가능성이 높아집니다. 과거와 같이 리더가 월간, 주간 단위로 할 일과 일정을 계획하는 방식이 되어 서는 안 됩니다. 구성원들 스스로 월간, 주간 단위로 성과기획과 성과평가를 하고 리더는 그 내용을 검증하는 역할을 해야 합니다.

Q. 일상적인 업무활동까지 기간별 아웃풋 관리를 굳이 해야 할까요?

A. 만일 과제수행을 통해 1~2일 정도의 시간이 소요되는 일이고 주기적, 반복 적으로 실행해야 하는 일이라면 단순 일정관리나 시간관리를 해도 무방합니 다. 하지만 일상적인 일이라고 해도 가급적이면 일을 시작하기 전에 기대하 는 결과물을 구체적으로 작성해 보는 것이 좋습니다. 탁월한 직원들은 그 날 의 일은 그 날 아침에 기획해서 실행하는 습관을 갖고 있습니다. 한편 3~4일 또는 1주일 이상 소요될 것으로 예상되는 과제나 업무수행에 대해서는 반드 시 기대하는 결과물을 구체화하고 일을 시작해야 합니다.

Q. 월초, 주초에 아웃풋 기획을 했지만 상위조직에서 수명과제가 수시로 떨어지면 어떻게 해야 하나요?

A. 월초나 주초에 기대하는 결과물이 설정되었다면 반드시 상위리더에게 계획을 공유해야 합니다. 사전에 충분히 공감대를 형성했음에도 불구하고 수명(受命)과제가 주어진다면 상위리더와 의논해 기간별 결과물과 완료일정을 조정하는 것이 필요합니다. 그래서 월초나 주초, 가능하면 일일 단위로도, 어떤 과제와 목표가 기간별로 실행되는지 상위리더와 주기적, 선제적으로 공유해야 합니다. 그래야 리더가 수명과제를 부여할 때도 일정을 고려해 조정하거나 협의할 수 있습니다.

Q. 협업의 정의가 무엇인가요? 자기 몫을 다하고 시간이 남으면 다른 동료들을 돕는 것이 협업인가요?

A. 협업은 시간이 남아서 해 주는 것이 아니라, 자신의 역할과 책임을 다하는 데 특정 능력이나 역량이 부족한 경우에 타인이나 유관부서로부터 지원을 받는 행위입니다. 부여받은 역할과 책임을 실행하기 위해 전략과 액션플랜을 수립해 보면 비로소 협업이 필요한 사항이 구체적으로 드러나게 됩니다. 협업은 막연한 의미의 협동, 협조와는 다릅니다. 협업은 조직의 공식적인 역할과 책임의 영역에 해당하고 당연히 필요한 자원을 분배하기 위한 필수업무입니다. 반면에 협동이나 협조는 비공식적, 자발적으로 주고받는 업무행위라고 할 수 있습니다. 협업(collaboration)에는 반드시 책임이 뒤따르고, 협조(cooperation)는 행위에 대한 지원만 있을 뿐 행위결과물에 대한 책임은 약하다고 볼 수 있습니다.

Q. 자신의 일은 자신이 하고 결과에 책임을 지면 되지 굳이 협업이 필요한가요?

A. 협업이 필수적인 이유는 날이 갈수록 업무가 전문화되고 세분화되기 때문에 혼자만의 능력과 역량만으로는 한계가 있기 때문입니다. 흔히 협업이라고 하면 동료나 타 부서와의 수평적 협업만을 생각하기 쉽습니다. 하지만, 늘상 함께 일하며 코칭해주고 변동변수나 예상리스크요인을 대신 협업해주는 상

위리더와의 수직적 협업이 기본적으로 중요합니다. 기대하는 결과물에 대한 시각 차이, 전략이나 액션플랜에 대한 관점 차이, 실행과정에 대한 불안감을 극복하기 위해서는 일을 하기 전에 상위리더에게 코칭을 요청하여 객관적으로 검증받을 필요가 있습니다.

Q. 협업을 요청받았는데 여러가지 사유로 협업을 제대로 해 주지 못했다면 어떻게 해야 하나요?

A. 협업은 공식적, 조직적 업무활동이기 때문에 요청받은 성과의 창출을 위해 선제적으로 기여해야 하는 역할과 책임입니다. 협업을 요청받았을 때는 기대하는 결과물과 실행방법을 구체화해 협업을 요청한 사람에게 설명하고 지원이 필요한 사항을 구체적으로 요구해야 합니다. 협업을 제대로 해 주지 못했다면 결과물의 갭이 발생한 원인을 파악해 요청한 사람에게 설명해 주고 추가 요청사항을 실행해 주어야 합니다. 물론 협업이 제대로 실행되기 위해서는 상위리더에게 사전에 협의를 요청하는 것이 필요합니다. 한정된 자원을 배분하는 일이기 때문입니다.

Q. 성과평가의 특징은 무엇인가요? 업적평가라고도 하는데 평가방식이 다른 것인가요?

A. 대개는 지향적 목표나 과제 자체를 목표로 설정해서 달성률, 난이도, 중요도 등을 감안해 기말에 주관적 가치 판단을 하여 평가하는 경우가 많은데 이를 결과평가, 업적평가방식이라고 합니다. 반면 성과평가방식은 철저하게 사전에 합의한 목표를 기준으로 평가하는 객관적 평가방법입니다. 성과평가를 제대로 하려면 사전에 목표를 합의하는 것도 중요하지만, 최소한 월간이나 분기 단위로 기간별 과정성과를 평가해 최종성과평가에 대한 근거를 축적해 놓아야 객관성, 투명성, 공정성, 신뢰성, 타당성, 납득성을 확보할 수 있습니다.

Q. 과정평가란 구체적으로 무엇을 말하는 것인가요? 나름대로 열심히 일했다는 것을 어필하면 되나요?

A. 과정평가란 성과창출 프로세스에 충실했는지를 평가하는 것입니다.
먼저, 핵심과제 도출, 성과목표 설정, 성과창출전략 수립, 기간별 과정성과 관리, 협업관리 등 최종성과가 창출되기 위한 '인과적' 과정관리를 제대로 실행했는지를 평가합니다. 또한 연간목표나 전체 목표를 분기나 월간 단위로 캐스케이딩해서 기간별 성과창출이 제대로 이루어졌는지를 평가합니다. 기간별 과정성과를 평가해 보면 기간별로, 계절별로 어떤 리스크요인이 성과 창출에 영향을 미치는지도 예측할 수 있게 됩니다.

Q. 성과를 창출하지는 못했지만 과정관리를 제대로 했다면 일을 잘했다고 볼 수 있을까요?

A. 과정관리를 제대로 했다면 대개는 기대하는 성과를 창출했을 것입니다. 성과창출에 영향을 주는 선행목표에 대해 과정관리를 충실히 했는데도 성과가 창출되지 않았다면, 예상리스크요인에 대한 대응이 미흡했기 때문일 것입니다. 상위리더의 부실한 코칭도 성과 부진의 원인이 될 수 있습니다. 예상리스크에 대한 대응도 하고 코칭도 꼬박꼬박 받았는데도 성과창출을 못했다면 제대로 일했다고 인정해 주어야 합니다. 성과책임을 제대로 부여하지 못한 조직이나 리더의 책임이라고 볼 수밖에 없습니다.

FAQ 9. 개선과제 도출

Q. 성과를 100% 달성했는데도 개선과제 도출이 필요한가요?

A. 성과목표를 100% 달성했다고 하더라도 과정평가를 통해 부족한 점은 무엇인지, 실행자의 전략과 역량으로 성과가 창출되었는지 아니면 외부환경의 변화로 운이 좋았던 것인지 분석해 봐야 합니다. 성과가 초과달성되었더라도 그 이유(원인)가 무엇인지를 분석해 보아야 다음에 비슷한 성과를 창출할 때 참고할 수 있습니다. 그리고 성과창출 여부 만으로 성과를 평가한다면 자칫 결과지상주의에 함몰되거나 자만심에 빠질 수 있기 때문에 과정평가와 전략평가를 통해 끊임없는 개선을 향한 과제를 도출하고 실행해야 합니다.

Q. 개선과제 도출과 보완(만회) 대책이 비슷해 보이는데 어떤 차이가 있습니까?

A. 개선과제란 성과 부진의 원인을 분석해 그 원인을 해결하여 반복되지 않도록 개선하는 것입니다. 보완 또는 만회 대책이란 미달성 성과 – 예를 들어 100억 원의 원가절감을 하기로 했는데 80억만 달성한 경우나 실행하기로 한 과제 – 를 다음 번에 언제까지 채우거나 실행할지를 기획하고 계획하는 것입니다. 개선과제는 일하는 프로세스 개선이나 리더의 관리 역할 행동 개선, 실무자의 능력과 역량에 관한 근본적 원인을 파악해 개선하는 것이라고 할 수 있습니다. 양적으로 미달성되거나 누락한 사항은 만회 대책 과제로 다루어야 합니다.

Q. 개선과제가 능력개발, 역량훈련과 연관되어 있다고 했는데 자기계발 계획과 어떻게 연계되나요?

A. 작년도에 개선과제 도출을 통해서 제기된 부족한 능력이나 역량 중에서 본인(실행자)에게 직접 관련된 사항과, 금년도 성과목표를 달성하기 위해 필요한 능력과 역량을 합쳐서(통합해서) 자기계발 계획을 세우면 됩니다. 이때 능력이란 업무를 실행하기 위한 지식과 스킬을 말하고, 역량이란 성과목표를 달성하기 위한 실행력(기획, 계획, 실행, 평가, 피드백)을 의미합니다. 단, 본인(실행자)만의 문제가 아니라 수직적, 수평적 협업에 관련된 프로세스 개선사항은 별도로 구분하고 과제화 해야 합니다.

PXR 성과관리 실전노트

초판 1쇄 발행일 2023년 11월 30일

지은이 류랑도, 김현주
펴낸이 박희연
대표 박창흠

펴낸곳 트로이목마
출판신고 2015년 6월 29일 제315 - 2015 - 000044호
주소 서울시 강서구 양천로 344, B동 449호(마곡동, 대방디엠시티 1차)
전화번호 070 - 8724 - 0701
팩스번호 02 - 6005 - 9488
이메일 trojanhorsebook@gmail.com
페이스북 https://www.facebook.com/trojanhorsebook
네이버포스트 http://post.naver.com/spacy24
인쇄·제작 ㈜미래상상
디자인 달 **DAL**

ISBN 979-11-92959-22-1 (13320)